愛、欲望、出軌的哲學

Wenn Eros uns den Kopf verdreht.

Philosophisches zum Seitensprung

Harald Koisser &
Eugen Maria Schulak

哈洛德‧柯依瑟爾
歐依根‧舒拉克／著
張存華／譯

哲學人

〈導讀〉

當愛沖昏頭

賴賢宗

　　一般人對於哲學家的印象是思辯精深，以理性深思，探求抽象的哲學問題，視感性的存在為層次低而不足取者，很難想像哲學家談論愛情，也不會覺得哲學書可以為愛情提供什麼有益的照明。但是，事實也不盡然是如此。本書首次彙集西方哲學史上哲學家們討論愛情與婚姻的不同論點，希望能為愛情與婚姻的當事人提供直接或間接、多方面且實用的思想上的幫助。

　　本書原文以德文寫成，原書名是「Wenn Eros uns den Kopf verdreht」，「當愛沖昏頭」是德文書名的直譯。作者是哈洛德・柯依瑟爾（Harald Koisser）、歐依根・舒拉克（Eugen Maria Schulak）兩人，他們希望從以啓蒙世界為己任的西方哲學家的著作，找到愛情的哲學說明。本書從西方哲學的角度討論愛情的本質，涉及到性愛、激情與愛情之中的靈性的問題，其中一個焦點是「出軌」的問題（性愛忠實的問題）。又，本書不僅討論了西方哲學家的愛情哲學，也引用了眾多的文學作品，例如斯湯達爾、艾特伍德等文學家，以及唐璜、卡薩諾瓦和浮士德等文學議題，讓此書更加生動，

引人入勝。

　　本書共有七章，從赤裸的情欲之探討，開始此書的愛情哲學之旅（第一章）；經歷熾熱的激情（第二章）；轉而尋求眞愛（第三章）；在眞愛的進行之中或許也另有冒險的恐懼（第四章）的另一段風光；進入婚姻的共結連理，展現神聖的倫理天地（第五章）；最後，愛情哲學之旅在婚姻的終點站之中，必須具有「幽默、平心靜氣的節制之道」（第七章）。此書第一章從柏拉圖哲學中的靈肉二分以及愛情是起源於缺乏的滿足之說，這是來自於西方哲學的第一部寶典柏拉圖對話錄的〈饗宴篇〉（Symposium）。西方哲學關於兩性的愛情觀認爲愛情的本性在其起點就包含著靈性與肉欲兩個層面，而且是起源於缺欠，這顯然和基督宗教和東亞傳統之說都有所不同。基督宗教所說的上帝對人的愛是一種由上而下的agape，基督宗教中的兩性之愛是要通過聖靈的洗禮喚醒人身上所具有的上帝的肖像，從而變成位格與位格之中的愛。

　　本書第一章提出柏拉圖哲學中的靈肉二分以及愛情是起源於缺乏的滿足之說，奠定了全書的基調，此後列舉了側重於靈性與側重於肉欲的兩種愛情觀，展開愛情之旅上的哲學考察。此中，直接面對愛情之中的肉欲存在的巨大能量者有叔本華（Schopenhauer）、弗洛伊德（Freud）、尼采（Nietzsche）、康德（Kant）……等哲學家。另一方面，側重於愛情之中的倫理與靈性與其超越向度者，例

如柏拉圖（Plato）、齊克果（Kierkegaard）、埃沃拉（Julius Evola）、巴斯卡（Pascal）、赫爾德（Herder）、席列格（Friedrich Schlegel）、諾瓦里斯（Novalis）、黑格爾（Hegel）……等哲學家。這兩種方式的前者，如叔本華說：「所有兩情相悅的感覺，無論表現得多麼超塵絕俗，都根源於性衝動。」後者則如埃沃拉指出：「兩性相吸的真正前提，和它所蘊含的整個奧祕和形上學有關」，兩種說法是針鋒相對。

　　此中，不管是採取側重於靈性與側重於肉欲的愛情觀之中的哪一種，愛情作為一種書中所說的「理想化」的作用，總是帶有「激情」（passion）。激情是一種跨越有限性的界線的強而有力的超越動力，激情可以是肉欲的，也可以是靈性的。康德只將激情當作是一種理性的病變，終身未婚、生活規律、一生以從事理性批判為職志的康德說：「被激情所控制，是一種情緒的病變。」反之，巴斯卡卻說：「人的精神越崇高，他的激情也越強烈。」巴斯卡是將激情當作是一種具有靈性深度的超越力量，康德卻是從肉欲的擾動來定義激情。因此，男女的愛情無疑存在肉欲的激情和靈性的激情兩種差距巨大的元素於其內，這使得男女愛情往往在靈性的深度之中也帶著紛擾不安的窒息感，而在欲望渴求之上卻時時閃現靈性之光。

　　最能掌握此中的人類生存的弔詭的西方哲學家可能是齊克果。他認為，從靈性超越的深度來看，美學的階段、倫理學的階段、宗

教的階段三者之間並不是一種不可解的弔詭與糾纏，而是需要生存的勇氣，讓我們進行存在的跳躍，所以齊克果認為「剎那即一切」的美學的渴望之中，必須呼籲強調的是「愛情很自然地要尋求證明，那使得愛情成為一種責任，一種面對更高者時的責任」，因為「婚姻有天國作為福證」。齊克果認為婚姻是人類生命中最重要的發現之旅，只有婚姻才能解救愛情，因為人們以宗教情操和愛情攜手相偕。

　　最後，此書談到的是婚姻之中的感情生活，此時，愛情已經退去了她的理想化的誘人的外衣，讓人體驗到的卻不是出神狂迷，而是倫理世界的穩定秩序之中的現實生活。關於愛情已經退去了她的理想化的誘人的外衣的婚姻的擁抱，齊克果說的很好：「你們談論了很多有關性愛的擁抱，那麼，婚姻的擁抱算什麼呢？……在婚姻的『屬於我』的概念裡，婚姻的擁抱比性愛的擁抱更豐富。」為什麼呢？這是來自於婚姻之中的「屬於我」的有天國作為福證的超越動力。齊克果說：「在婚姻的『屬於我』的概念裡存在著一種力量，讓人們的意志、決定和態度都有了更深刻的意義。……那動力並不只是來自模糊本能的興奮不安，因為婚姻有天國作為福證。婚姻的責任充塞著整個生命的四肢百骸，並且永遠不讓任何阻礙干擾愛情。」齊克果此話說的雖好，但可能是因為他對於婚姻的信心不夠，所以選擇逃離，未能選擇婚姻。

　　婚姻的信心之來源該來自何處呢？就東亞的文化傳統而言，「夫婦」一倫為一切倫理之開端，在日常生活的中庸之道之中，體驗天道，「君子之道，造端乎夫婦，及其至也，察乎天地」（《中庸》第十二章），這確實是「婚姻有天國作為福證」，深值吾人深思與勉行，「庸德之行，庸言之謹……君子胡不慥慥爾」（《中庸》第十三章）。

　　在中國哲學之中，儒家哲學側重於倫理思想，強調「夫婦」一倫為五倫之開端，一陰一陽之謂道，如此則夫婦的真情摯愛不僅是敦倫之首，也具有宇宙論和存有學的基礎，夫婦的真情摯愛彰顯宇宙乾坤之德。在佛教的菩薩道之中，強調以覺情覺有情，夫妻不僅是欲望相索在生活現實上的「同床眠」，也是以倫理之船而「同船渡」，在同一條法船上共度此生，彼此勉勵，故夫妻姻緣可以說是多生累劫因緣所成就者。道家的夫妻是道侶，是神仙眷屬，在人間世齊物逍遙，登天遊霧，慈濟度人。

　　以上這些都是就儒釋道三家的愛情智慧的正面主張而言。在歷史現實之中，東亞傳統的宗法社會之中以男人為主，妻妾成群，不以為非。而才子佳人，憐色惜才，以為風流，並不自覺到情愛忠實的問題。然而，東亞傳統進入現代社會之後，情況已經發生改變，傳統文化對於此中的問題該有更多的反思與提供，然而少有哲學家投注於此。

在現代乃至後現代的社會之中，人生的實際面總是充滿著各種複雜的情愛情境。問題的一方面是：忠於心中所感，「詩三百，思無邪」，忠於愛情的靈性真實之時，往往其純真的動能是超越了後天的倫理規範，究竟是善或不善，要看採取的觀點爲何。問題另一方面：現實的作爲往往是充滿了因爲愛欲衝動而有的德性的軟弱、愛情的不忠與倫常的失序。所以，一方面，愛情的真實所涉及實然與應然，有時候並不是二元對立的問題。二方面，受限於愛欲衝動的牽制之時，從實然到應然，需要的是愼思明辨，也需要德性實修和功夫。

那麼，對於人生種種本眞的情況，維持靈性，採取開放的態度，並信任人的天賦善性的善端，珍重保養，是其始點。而既已陷落之後，佛教道家有皈依與懺罪的法門，儒家強調師友的規勸與改過遷善，也有補過之方。此中問題萬端，簡言之，進入現代社會之後，情況變得更加複雜，我們東方的傳統文化對於愛情本質、性愛忠實之問題該有更多的反思與提供，然而在東亞現代社會之中似乎少有哲學家投入此事。所以，先看看西方哲學家在這問題的見解，提供我們沉思與反省的資具，也就變的十分重要了，這是今天出版此書之意義之所在。

（本文作者現爲國立台北大學中國文學系教授）

目次

「所有兩情相悅的感覺，無論表現得多麼超塵絕俗，都根源於性衝動。」──叔本華

「解剖學決定了我們的命運。」──弗洛伊德

「在交媾以後，所有動物都會憂鬱。」──亞里斯多德

「他們對所愛的人沒有欲望，對於讓他們有欲望的人卻又沒有愛。」──弗洛伊德

「（他們）纔知道自己是赤身露體。」──《舊約‧創世記》

前言

人類的歷史：一部關於出軌的歷史

柯林頓、帕華洛帝、查爾斯王子、戴安娜王妃、愛因斯坦、拿破崙、網球巨星貝克（Boris Becker）、歌德⋯⋯，以上隨手捻來的名字在在顯示，人類的歷史是一部偷情不忠的歷史。（誰願意的話，可以在虛線加上自己的朋友，看看剩下的空間是否夠用。）無論任何社會階層或教育程度，無論當時風行的道德、宗教或法律規範，總會有踰矩的出軌和千奇百怪的性行為，即使是嚴刑峻法也無法遏止。

十六世紀下半葉，已婚的魯本斯（Jan Rubens）醫生和荷蘭國王威廉（Wilhelm von Oranien）的妻子，女公爵安娜（Anna）有染。安娜懷孕了，魯本斯為此被收押，在監獄裡等候當時觸犯通姦罪唯一死刑的判決。魯本斯最後被赦罪，可說是個天大奇蹟，那還多虧魯本斯被矇騙的老婆馬利亞為他求情。人類的歷史還真的得感謝這位女士的寬宏大量，他們復合以後生下一個名為彼得・保羅（Peter Paul）的兒子，日後成為名留青史的著名畫家。[1]

來自熱那亞（Genua）的巴斯提安（Bastian de la Costa）在西元1567年就沒有這麼好運。雖然他的太太，或更確切說是眾妻妾之一，也在法庭上為他請求赦罪，但巴斯提安還是被判重婚罪而上了斷頭臺。[2]

西元1477年，德國思派爾（Speyer）小城的一名女子因為和另

一名女子發生性關係而被淹死。[3]然而在當時並不需要發生眞正的性行爲，就可能爲此命喪黃泉。「在中古世紀的薩薩日（Sassari）城，哪個男人要是誤入了當天女性專用的公共澡堂，便觸犯了相當於謀殺罪的重罪。」[4]

當時的法律規定人盡皆知，那麼是什麼讓魯本斯和他的情婦欲罷不能呢？爲什麼人們情願冒著生命危險而去偷情呢？顯然背後存在著一個比畏懼刑罰更強烈的東西。死亡的好理由必定也是生存的好理由（轉套一句卡繆〔Albert Camus〕的名言）。愛、情欲和激情，讓人們不斷彼此吸引，儘管他們既膽怯又畏懼，正如向母螳螂求歡的公螳螂一樣，他不確定自己最後是要當爸爸或是盤中飧。

希臘哲學家赫拉克利圖（Heraklit）說：「萬物流轉。」我們習慣鼓吹顚撲不破的道德準則，卻經常覺得今是而昨非，到了明天又棄若敝屣。

我們很難想像，戀童癖在古代的希臘居然是一種德行。柏拉圖在《饗宴篇》（Symposion）裡活靈活現地描繪與會的男性辯論者對嘴上無毛的少年趨之若鶩，並且主張說，有斷袖之癖的男人才是最有男子氣概的，因爲他們愛自己的同類。

在西元二、三世紀的羅馬帝國，貴族婦女習於公開濫交。她們以掛牌從妓的方式，以規避當時法律的通姦罪，因爲通姦罪並不適用於妓女的行業。當時羅馬從妓人數之多眞是空前絕後。即使是最

高層的名媛淑女,如奧古斯都的女兒茱麗葉,或貴爲皇后的梅薩莉娜(Messalina)都非常認眞且理所當然地擁護性愛狂歡。

接著則是一段極度的禁欲時期,中世紀可說是個極端。面對無所不在的暴力和胡作非爲,個人的多愁善感是個很鮮明的心理對比。這個對比淋漓盡致地表現在當時的宮廷抒情詩歌上。騎士以詩歌詠嘆或透過英雄行爲表達對貴族仕女的傾慕,以博得她們的青睞,但是始終不包括肉體的權利。那是很幼稚的禁欲文化,以痛苦和鮮血去昇華性愛的滿足。以現在觀點而論,當時的騎士生活無疑是一種病症,必須立即就醫治療。

性學大師金賽博士(Alfred Kinsey)的兩篇報告(1948年和1953年)鑿穿了阻擋在一般的道德標準和個人性行爲之間的那堵高牆。金賽相信只要兩情相悅,性愛可以是百無禁忌的,他的信條引發了一場革命,也就是讓個人掙脫虛僞教條的「性解放」。「自由戀愛」成了一種政治宣言,維也納的化學家卡爾·翟若適(Carl Djerassi)也適時發明了避孕藥。避孕藥的發明讓性愛享受完全擺脫生育的功能,女性認爲那是主張性自主權的大好機會。

究竟什麼是常態?什麼是道德?後世又將會如何評斷我們的年代?電視台大量的娛樂節目,讓年輕人在令人極度作嘔或血腥暴力的情況下演出,[5] 或是讓普通老百姓在節目裡爆料私密的家庭性生活。二十一世紀的來臨也代表了親密關係的解體,人們不斷探測踰

矩的極限。

　　限制被打破以後，還會有新的限制產生。現在有誰還敢承認做愛時喜歡傳統的傳教士姿勢，而且幾個禮拜來一次就讓他疲於奔命？脫口秀和生活時尚雜誌充斥各種告白：獸姦、肛交、高潮能力和交換性伴侶。脫口秀的來賓所獲得的短暫知名度跟屈辱簡直沒有什麼兩樣。性愛公開告白的熱潮早已取代了天主教的告解。誰要是跟不上，便在性解放的社會裡被剝奪了發言權。然而，發言權的被剝奪倒也不失為樂事一樁，終於不用公然去談論體液和私處的搔癢了。

年輕人的期望

　　當現代的年輕人[6]談到他們對生命中伴侶關係的期待時，性愛或排泄過程的自拍、浮濫的劈腿，統統不在其中。期望的排行名單是非常傳統的，並且來自內心深處：

　　一、滿足感；二、幸福；三、家庭生活。

　　這是少男少女一致認同的排名。男生女生都追求實現自我，把找尋生活伴侶列在第三位，出人意表的則是青少年生養小孩的願望，受訪的年輕女性中有超過四分之三的人回答希望將來有小孩。

但是在出生率上，我們卻讀不到這個趨勢。

不管女性還是男性，婚姻都排列在願望名單的前幾名，畢竟超過半數的受訪者非常確定將來會結婚。根據德國青少年研究報導，「忠貞、婚姻、有機商店」是年輕女孩的最「in」。[7]

然而，戶政單位的日常工作卻是另一番風貌。他們整天都得處理離婚案件。如果問他們什麼是生活伴侶最重要的特質？口號一致為「忠實」。

如同德國「社爾青少年研究」指出，個人的忠實絕對是時下的風潮。78%受訪的青少年認為忠實是幸福生活的條件，僅次於事業成就（82%）。[8] 在奧地利年輕女性[9]的心目中，伴侶的忠實高居排行榜第一名，其次為「幽默風趣」和「溫柔體貼」。對奧地利年輕男性而言，最重要的則是「魅力」，第二位便是「忠貞」，第三位為「智慧」。

值得注意的是，年輕男性最重視的「魅力」，並不出現在年輕女性的價值觀中。男性外表是否吸引人，對女性而言並不重要。這對有志養成啤酒肚和不修邊幅的年輕小伙子而言，無疑是個天大的好消息。

反之，年輕男性則亟需一個形象，一個崇拜的偶像。年輕男性對美感對象的渴望是相當唯物且原始，偎紅倚翠是歷久不衰的刻板印象，而那不外乎是要自我炫耀並且占有女人，是父權社會的演化

傳統。[10]

　　在青少年的價值觀中，忠實是非常重要的。那麼，青少年是怎麼看待「性福」的重要性呢？非常後面，落在最後一位，無足輕重。[11]

　　對青少年而言，忠實極為重要，但是否能與伴侶在性事上水乳交融，卻顯得無關緊要。它反映出一種只要忠實不要「性福」的理想典型，看似非常清教徒和天主教的想法。青春期的發展或許會解除該魔咒，但作為文化歷史的現象卻值得我們加以研究。

　　對於訪談結果的解釋再簡單不過了。有可能是因為青少年在公開的訪談過程中不願正面討論道德上不甚體面的概念，所以乾脆避而不談。（在承認性需求很重要以前，還是先談談智慧或幽默的重要性，聽起來比較順耳吧。）訪談的結果也有可能來自青少年對性經驗的缺乏和對自己需求的無知。青少年如果完全沒有經驗，或只有少數的性經驗，那麼他們不會覺得性事特別重要，相對而言，忠實便成為理想的典型。

　　關於現代年輕人性愛經驗豐富或性開放等等的反對論調，只是文化悲觀論的一種成見，因為「整體資料顯示，受訪中（維也納）少男少女只有半數在十六歲前有性經驗，另外一半還沒有經歷過第一次。」[12] 德國的抽樣方法雖然不能直接類比，但是如果根據德國聯邦健康促進中心2001年針對青少年性行為的研究報告顯示，在

德國十四歲以下的青少年中，每十人有一人曾經有性經驗，十七歲以下的青少年中，每三人則有兩人[13]，與奧地利很類似。約四分之一青少年的第一次是在十八歲以後。

所謂「第一次的時機」與過去二十五年相較並沒有太大的變動。[14] 換言之，不是性行為提早，而是青春期提早開始了。[15] 隨著青春期的早熟，青少年時期也較早開始，相對也持續得比較久，因為進入成人世界（就業、建立家庭）的時機漸進挪後。[16]

現在的年輕人渴望結婚、生子和忠實。這些期望主要來自對惡質生活環境的投射。

在德國（根據德國聯邦統計局2003年的資料）至少每三對婚姻中便有一對是以離婚收場，還不到半數（奧地利則為46%）。德東地區的離婚率也迅速超越了德西地區。歐洲德語地區的離婚率每年成長約百分之三到六。德國婚姻大部分在婚後第六年即告破裂，其中半數的離婚夫妻還有未成年的小孩。老年人似乎也急起直追，百分之九點三的離婚夫妻是在慶祝過銀婚後才作出離婚的決定（奧地利統計局2000年的數據）。離婚後大部分的人必須渡過一段與社會脫節的日子。

年輕人的浪漫幻想和現實的對比是如此之強烈，光是這個理由就足夠寫本書了。

關於本書

本書從哲學的角度去審視出軌的問題。我們希望從以啟蒙世界為己任的哲學家身上找到相關的解答。本書首次彙集哲學史上數千年來的正反論點，希望能為當事人提供直接或間接、多方面且實用的反省協助。

我們本身並非指引方向的路標。我們希望在寫作本書的同時，自己也能從中學習並有所心得。畢竟，我們不是冷酷無情的哲學機器人，而是有血有淚的人（說得更確切一點，是男人），這也是本書關注的主要對象。性愛忠實的問題並不是無關痛癢的問題。在本書的分析討論中，我們可說是遊走在人類生命的核心部分，雖然這些論點看法有時是如此地反覆無常。

本書由兩位作者共同思考書寫而成，因此我們認為本書作為探討伴侶關係的書再自然不過了。在寫作的過程中，我們熱切討論、辛勤蒐集資料、大量閱讀，同時帶入個人對生命的看法和觀點，有時甚至必須接受被對方否定、拒絕的事實，這是痛苦、發人深省的，最終卻也是一種享受。

當你被愛沖昏頭時，你的反應為何？在此我們誠摯邀請你參與討論，網址如下；www.koisser.at/eros；或是：www.philosophische-praxis.at/eros。

第一章

赤裸的本能衝動

「男人身上的生殖器不聽節制、自行其道,有如一頭不可理喻的野獸,狂暴的欲望讓它想支配一切。」然而不只男人,「出於同樣的理由,女體裡所謂的陰道和子宮亦復如是:它們像是住在女體裡的活物,⋯⋯如果生氣了或不耐煩,就開始搞怪,在體內到處分泌體液,堵住呼吸通道,使得呼吸困難,引發極度的恐慌,同時散布各種疾病,直到彼此的欲望和愛情使得男女結合,就像從樹上摘下果實一樣。」[17]

精神和肉欲的角力會如何收場,柏拉圖是有一點擔憂。本能衝動主宰著人類,對男人而言,男人的陽具不聽節制、自行其道,在柏拉圖看來,女人的陰道也同樣容易衝動。

我們必須體諒柏拉圖和他古希臘的同儕們僅僅透過觀察便推論說本能衝動主宰人類。古希臘確實是色欲橫流的。明目張膽地追求性愛與權力蔚為風潮。古代哲學家偉大的貢獻便在於超脫狂野的本能,觀照其身心,同時體認到,人類唯有先學會控制自己的本能,才能夠繼續往前走。

由於肉欲氾濫的環境不再,現在我們可能會覺得古代哲學既虛偽又庸俗。然而,人類的文明就此開始。

但是,人類並沒有因此擺脫赤裸的本能衝動,它存在於我們心靈的最深處。就歷史而言也是很深層的。本能衝動是對於人性中獸性的回憶,生殖器官可說是其外在可見的表徵。[18]另一方面,它

又像一個笑話那樣地深刻，有害而卑劣。人類該為此感到羞愧。情欲（對性的渴望，為性愛而性愛）被看作是低劣廉價的。哲學家根特・安德斯（Günther Anders）寫道：「凡事不假思索是野蠻的行為。」[19]

不！這不是我們！我們不希望成為蒙田（Michel de Montaigne）筆下的老公馬：「我把一匹老公馬趕進了種馬場。牠難以馴服，只要聞到母馬在牠身邊就開始發情。在種馬場中，由於能輕易滿足自己的欲望，就漸漸對自己的母馬感到厭煩。但對外來的母馬就完全不同了，只要看到有一匹走到牧場附近，牠就立刻嘶叫起來，並像以前那樣開始發情。」[20]

在某些市郊酒吧裡或滑雪度假小屋中，仍然偶爾有些恬不知恥、頻頻嘶叫的人類品種，不斷求歡作愛，沉醉在性欲的愉悅裡。他們讓我們回憶被馴化的深層歷史。「缺憾的感受預設了與所缺者的親密關係，也就是曾經部分擁有它」，德國小說家尚・保羅（Jean Paul）如是說。[21] 只有在對於某物感到缺憾時，才會渴求它。有匱乏才有欲求。難道人類是長期缺乏性愛的動物？

馬斯洛（Abraham Maslow）在他著名的「需求金字塔理論」裡指出，性是人類最原始的基本需求。馬斯洛的需求理論將人類不同的需求予以排序，我們雖然希望能夠滿足所有的需求，卻不是同時擁有全部，而是循序漸進的。位於需求金字塔底端的是維持生活

的需求，漸漸提高到對於超越界的嚮往。我們必須逐級而升，首先要滿足生物性的基本需求（飢餓、口渴），滿足基本需求以後，我們開始擔心安全的需求。接著，我們開始操心親密關係（愛）的需求等等。我們不能躐進躐等。道理非常簡單，衣食足而後知榮辱，如果無法溫飽（最低層次），自我實現和靈性的渴望（最高層次）對我們而言根本無所謂。

有趣的是，性愛是相當低階的。僅高於食物、水和氧氣，真的是無法再低了。根據馬斯洛的看法，該層次的需求皆為天性而非習得的。果真如此，食色性也，我們根本無法不做愛。[22]

此外，弗洛伊德（Sigmund Freud）也對人類診斷說：「成人性愛生活中的一個普遍現象為『對刺激的飢渴』，……會不斷想要換對象。」[23]性衝動也因此有別於其他癮頭（如酒癮）。在相關文獻中，弗洛伊德多次比較了性衝動和酒癮的差異。

弗洛伊德說：「誰曾聽說，一個酒鬼會厭煩於永遠喝同樣一種酒，而想到換一種酒來喝？……誰又認識哪個酒鬼，因為酒喝多了而厭倦，就跑到酒價昂貴或禁酒的國家，希望以此挫折來刺激他那萎縮的快樂？我們絕未聽說過這種事。……為什麼情人和他的性對象的關係就大不相同？」[24]

只要性欲能輕鬆得到滿足，對愛的渴望的心理價值就會跟著降低。只有在阻礙重重的狀況下，原欲（Libido）才會奮起上路，人

類確實也不斷以道德限制或社會規範為它創造了重重的障礙。蒙田就深知「困難讓事物更顯珍貴」的道理。[25]

　　人類為什麼如此複雜？「聽起來似乎很奇怪，但我認為我們必須考慮以下的可能性，人類情欲中肯定有些元素不宜得到絕對的滿足。」[26]弗洛伊德提出鞭辟入裡的心理學見解，由於亂倫的禁忌，我們始終無法得到最初戀愛的對象，也就是母親和父親，「如果願望的原初對象因壓抑作用而失去了，就由一連串的替代對象來取代，然而，沒有任何對象讓他完全滿足。」[27]

　　任何戀愛關係都只是替代品。我們被詛咒為永遠只能得到替代性的滿足。要不是踏上文明之路，我們大概還是充滿性衝動，在世界上不滿足地嘶喊喘息，像矮黑猩猩一樣滿腦子只想做愛。[28]

　　文明化的奇蹟便在於，它像安全閥一般轉移了我們永遠無法滿足的性欲，使其成為成就文明的動力來源。那正是深層心理學對古代哲學家的悲嘆別出心裁的解釋。如果我們依然「沉溺於肉欲」，我們的一生將一事無成。

　　為了不落人口實地滿足衝動，人類發明了不少新花樣，像是性交易和婚姻。若非如此，康德為什麼要字斟句酌（而且不是開玩笑）地把婚姻定義為兩個人相互使用性器官的協議。[29]如果不是這樣，為什麼法律上會規定不履行同居義務或是沒有理由地拒絕性交是觸犯婚姻法？

　　儘管法律規定是如此地善體人意，然而如果伴侶仍然得不到性的滿足，那該怎麼辦？我們是不是該在人際關係的法典上加上關於「性的正當自衛」和「性掠奪」[30]的規定？當人們在家裡對性的飢渴無法滿足時，是否可以到外頭求歡以得到生活必需的飽足？

　　在內在的必要性、支配性的道德以及人際關係的協議的拉扯當中，答案始終是因人而異。仔細想想，那可不是一個可以隨便作答的問題，因為人類的本能衝動不只是純粹肉欲的各種變體，也在情色和性癖好之間游走。

　　「成為理性主體的規則（習慣）的感官欲望，我們稱為傾向（inclinaito）」，康德說。[31]感官欲望同樣可以藉替代物和替代行為被撩撥，並且變成一種習慣，諸如對高跟鞋、皮鞭和使用過的性感內衣的癖好。被虐狂、虐待狂和拜物的「傾向」，都可能是被點燃的欲望。在心理分析中，它們被稱為「次要的本能衝動」，但是對個體而言沒有什麼兩樣。個體感受到欲望的吸引力，同時也察覺到無法抗拒這個吸引力。

　　把本能衝動視為有違人類尊嚴的東西而忽視它，那並不是難事，但是要馴服它卻不是容易的事。

　　年事已高的叔本華（Schopenhauer）在一次對談中鬆了一口氣說，他的性欲終於消失了。在性欲為他帶來那麼多麻煩之後，一切終於都回歸平靜了。

「所有兩情相悅的感覺，無論表現得多麼超塵絕俗，都根源於性衝動。」——叔本華 [32]

生物學決定一切？

約莫在十八世紀中葉的啓蒙時代，一種絲毫也不浪漫的看法漸漸深植人心，把人類所有的性行為都解釋為生物需求的文明化包裝。也就是說，人類所有的性衝動，甚至在異性身上感受到真愛，說穿了都不過只是人類想要交媾的藉口，以實現生物潛藏的繁殖目的。換個角度來看，人類為直立動物，就其生物本質註定要以交媾的方式來繁衍後代。可能正因為如此，為了避免公開談論其動物性的行為，人類發明了所謂的「兩情相悅」的說法，以得到一個文明和道德的正確框架。

叔本華的哲學便堅持這種既冷靜又直接的看法。他說：「所有兩情相悅的感覺，無論表現得多麼超塵絕俗，都根源於性衝動。是的，正是那種明確清楚、甚至就最嚴格的意義而言非常個人化的性衝動。」

當然，此處所說的絕不是「無關緊要的小事」，因為「性行為的最終目的……實際上比人生其他行為的目的都來得重要。也因此，

這個問題值得我們嚴肅看待且認真探討。性行為所決定的不是別的，正是人類下一代的構成。當我們退出人生舞台之後，我們的下一代將是粉墨登場的角色。他們的存在和稟賦就全由我們的風流韻事所決定。……他們的存有以我們的性衝動為條件，同樣的，其本質也取決於在滿足衝動時的個人選擇，而無論在哪一方面，將就此不可挽回地被確定。」[33]

　　將愛情比喻為赤裸本能的文明化包裝，好比一齣生物學的戲劇。的確，愛情是戲劇的總體，因為愛情的結果無論在質或量上皆規定了人類未來的命運。於是，愛情的深意便根源於生物的育種動機，我們也應該很清楚，決定愛情的，並不是我們，而是人類的「種屬精神」。

　　愛情和自由其實沒有太大的關係。叔本華說：「基於愛情的婚姻，其締結是為了種屬而非個體的利益。雖然當事人誤以為是在尋求自己的幸福，但結婚的真正目的卻不為當事人所知，婚姻的目的旨在製造一個只有經由當事人才可能生產的個體。」[34]

　　基於更高的使命，我們才有愛情的行動，充其量不過是「種屬精神」的傳聲筒，也就是現在科學的「基因」概念所指涉的東西。叔本華自問，若非如此，「為什麼戀愛中的男人沉醉於女朋友的眼神，隨時準備為她犧牲自己？因為正是他身上不朽的部分在渴求她，……對於某個女子的朝思暮想，證明了我們不會消滅的本質核

心以及在種屬當中薪盡火傳。」[35]

　　據此，所有性行為的表現形式皆有外在的規定，生物學決定了一切，時時提醒我們去實現繁殖的任務，「是的，我們甚至可以說，人類本身就是性衝動的具體表現，因為人類的誕生、人類的願望，都只是交媾行為，人類整個表象都只是由本能衝動所構成與組合的。」[36]

　　愛情存在的目的只是傳宗接代，性行為都根基於所謂的「繁殖衝動」。當然，這並非唯一的定論，我們可以對這種說法加以反駁，一如義大利作家埃沃拉（Julius Evola）借用蘇聯流亡者梭羅耶夫（Solowjew）的筆所證明的：「物種的層級越高，其繁殖能力便越低，性的吸引力卻越強。」[37]埃沃拉推論說，對人類而言，性愛雖然具有特殊的意義和張力，然而人類的繁殖能力卻遠低於其他動物。我們觀察動物生活的兩個極端就可以發現，一端為沒有性愛享受的繁殖活動，另一端則是擺脫了繁殖目的的性愛以及所有想像得到的情欲。

　　叔本華要是知道有那種論證，一定會好好想一想。我們觀察一下珊瑚或菌類的生活形式，它們擁有自然界中最高的繁殖率，性愛或性行為對它們來講完全不重要。相對的，與其他動物有別，人類和一般類人猿的繁殖率雖然很低，卻賦予性愛高度的價值。那似乎顯示，性愛的存在價值與人種的繁殖和所謂的「繁殖衝動」並沒有

直接的關係。

　　相反的，埃沃拉指出：「兩性相吸的眞正前提，和它所蘊含的整個奧祕和形上學有關。」|38|合而爲一的渴望和衝動是無法抗拒的，繁殖只是無關緊要的小事。

　　由此，我們可以推論說，只有排除以繁殖爲目的的性行爲，只有在把「繁殖」的任務完全交給珊瑚或菌類之後，如此的性行爲才是眞正的性愛。「繁殖」是動人心弦的性愛世界裡最不浪漫的。然而，對喜歡偷情而沾沾自喜的人，我們毋須多費口舌，他們對此是再明白不過的了。

「解剖學決定了我們的命運。」──弗洛伊德|39|

性是動物行爲

　　芭比（Barbie）和肯尼（Ken）是沒有性器官的。他們揮動纖細的手臂，戴著太陽眼鏡，穿著迷你裙，甚至推著嬰兒車，然而他們沒有可以生產安然躺在嬰兒車裡小雪麗們（Shellys）的器官。芭比和肯尼是人類高度文明抗菌夢想的體現。

　　脫下肯尼的褲子，什麼也沒有，只見平坦的塑料，沒有不由自主挺起的肌肉組織，沒有濃重腥羶的體液氣味，干擾我們美感文化

的唯一要素被剷除了。在我們身上和體內的東西都被文化給燙平了。人類是和自然疏離的哺乳動物。

自然和文明互相對立，人類則是純粹文明的化身。人類建造了廣義的文化，所有動物性的衝動也被一一馴服。我們穿衣打扮，從小被教導說「請」和「謝謝」，咳嗽時不忘以手掩嘴，即使有種委屈的感覺，我們還是乖乖幫老闆去路邊買便當。在人滿爲患的地鐵裡，其他乘客的體味撲鼻而來，我們仍然身體緊繃、目光呆滯地望著車廂的天花板。我們以刀叉進餐，不隨地大小便，對身體散發的體味感到羞愧。我們使用除汗劑和漱口水。人類所有的感受、行爲模式、外表和排泄行爲都在美感的控制中進行。

然而褲子一脫，便原形畢露。來自錫諾普（Sinope）的戴奧吉尼斯（Diogenes）在雅典的市場上公然手淫（文明中最早的表現藝術）[40]。很多人問他爲什麼這樣做，他又不是動物。戴奧吉尼斯撈出了大衣裡的那塊肉反問道，這塊肉可是很動物性的，不是嗎？

弗洛伊德認爲：「性器官並沒有隨著人類身體朝著美感發展，它始終都是野獸時代的結構和樣子。因此，無論是現在還是往昔，愛在基本上總是動物性的。……解剖學決定了我們的命運。」[41]那麼，我們可以爲所欲爲，因爲就性行爲看來，我們始終都是動物。性行爲不需加以粉飾，也不需任何文化的造型設計。性愛活動是人類自古以來所從事的活動。

　　文明越是發達，就越能突顯性行爲的動物性。男女外出用餐，翩然共舞，體味怡人，舉止合度，努力尋找話題，試圖展現自己最好的一面，這是現代人求愛的方式。然而，整個設想周密的程序的最後目的卻再簡單不過：完成性交活動。那是與整個過程多麼截然不同的野蠻行爲啊。寬衣解帶之後，人類也卸下了文明。剛剛還在談論莫札特小夜曲的那張嘴，現在陣陣呻吟，剛剛還是香味四溢的體魄，突然汗流浹背，傳出親密體味。那是肆無忌憚的暴露，也是界線的逾越。

　　「在違反禁令和羞恥感的道路上，人類再度趨近動物，卻不想永遠回歸於動物的境況。」（巴塔耶〔Georges Bataille〕）[42]因寬衣解帶而產生的羞恥感，具有一股說不出的特殊誘惑力。許多人其實無法肆意地「墮落沉迷」，從道德的深海游上本能衝動的淺灘。然而只有在那裡，人才能成爲眞正的人。黑格爾說：「本能和激情無非是主體的活力，主體就是以它爲實踐的目標。」[43]是的，只有在那裡，人類才能感受到他的活力，人才是人。

　　巴塔耶也有同樣的看法：「首先，人類是工作的動物，⋯⋯爲此，他必須放棄部分的熱情。」[44]然而，巴塔耶認爲，唯有性愛的熱情才能讓人類不至於被物化。「唯有動物性才能保存主體存在的眞正價值」。

　　在工作中，我們必須服從一個以公共目標爲基礎的程序，不管

產品是什麼，是優格杯、光纖導體或是廣告宣傳，我們都只是整個機械生產程序中的一環。該活動與個人快樂與否毫不相關，就像生產程序中的無數齒輪。只有性愛才能給予我們主體的自我價值，因為在性愛中，我們可以擺脫文化規範的限制。這其實是極為自相矛盾的看法，因為它意味著藉由我們的動物性，我們才身而為人。

　　反過來說，如果我們否認並壓抑我們的動物性，那我們是什麼？也是動物？很有趣的想法：如果我們放棄人類中唯一的動物性，換言之，如果我們不要性，儘管我們終於成為純種的文化生物，但是我們仍然是動物。很有可能最終結果是相同的：完全原始或過度馴化，兩者殊途同歸。

　　西方的宗教對此著墨甚多，然而，誠如弗洛伊德解釋的：「性本能是很難教育的，對於它的教育不是太過就是不及。但無論文化要把性本能變成什麼樣子，總是不得不犧牲快樂的感覺。」|45| 人類也因此在文化規範和滿足本能的需求之間擺盪。

　　在福婁拜（Flaubert）的小說裡，包法利夫人的情欲和執著與日俱增。羅敷有夫的她幾乎每天去勾引年輕的情人，她的所作所為最後不得不用「騷擾」來形容。她坐著陰暗而穩當的馬車每天不斷奔馳在大街上，穿梭在同樣的小巷裡，日日如此，直到包法利夫人戴上面紗，雍容大方地下車，踏著輕快的步伐回家。整部小說中對性愛場景的具體描繪有所保留。

　　而亨利・米勒（Henry Miller）的情色寫作則在文學裡另闢蹊徑：「我不記得我的手指什麼時候伸進過這麼潮濕多汁的洞穴中。愛液有如漿糊從她的腿中傾流而下，如果我手邊有壁紙，那肯定可以貼上幾張。」[46]

　　米勒回憶他的鋼琴老師，當時他只有十五歲：「嚴格講來，蘿拉不能算是個美人胚子，……然而，她那一頭濃密的秀髮卻讓我興奮不已。她有一頭柔順亮麗的黑色長髮。在她的白癡腦殼上，習慣把頭髮編成波浪般的小辮子，讓它們在頸部蛇行盤繞。儘管她是個認真的白癡，可是她總是遲到，等到她來時，我往往已經因為手淫而微微感到疲倦。但是當她拿板凳坐在我身邊時，她灑在腋窩的香水撲鼻而來，讓我再度激動起來。我隱約可見她腋窩下濃密的腋毛，讓我瘋狂不已，我很想湊過去，把牙齒埋在她的毛髮裡。」[47]

　　亨利・米勒早期的小說露骨地描寫難以抑遏的本能衝動，讀者也感覺到故事裡「主體的活力」。我們習慣以刀叉進食，用面紙擤鼻涕，也知道要使用漏斗形酒杯來飲用堅果燒酒。但做愛不需要刀叉，到今天還是如此。解剖學徹底決定了我們的命運。

「在交媾以後,所有動物都會憂鬱。」——亞里斯多德[48]

本能和憂鬱

「性愛的幻想就是讓男人真的相信躺在心儀女人的臂彎裡,會比在其他女人那裡更加快樂。……激情過後,墜入愛河的男人覺得悵然若失,驀然發現原來他渴求的對象只不過是性的滿足,於是便興味索然。」[49]叔本華從本能的角度去觀察世界,認為是人類的「物種精神」推動我們做那檔子事。不管跟誰,在背彎裡得到的快樂都沒有差別。所謂情有獨鍾只是性愛的幻想,最終還是會大失所望。「外表無所謂,只要性高潮」,是當今尋找性伴侶廣告裡所展現的哲學。

雖然叔本華不知道有愛滋病,卻預示了那種本能是會致命的,也認為性行為足以減短壽命。「以繁殖為目的的受孕行為讓個體瞬間筋疲力盡,大部分昆蟲甚至會立刻死亡,此即克爾蘇斯(Celsus)所謂『射精意味著部分精力的喪失』(seminis emissio est partis animae jactura)。對人類而言,生育能力的衰減便是行將就木。濫用該力量會縮短壽命,反之,禁欲則會增強該能力,尤其是肌肉的力量。」[50]當小甜甜布蘭妮(Britney Spears)在十九歲時誓言婚前保持處女之身,似乎也同意這種看法(至少承認此說)。她因此擺脫了因性行為而導致的可怕威脅。

　　有別於她舞台上風情萬種的裝扮，這個青少年偶像與希臘哲學家愛比克泰德（Epiktet）英雄所見略同，他曾經說：「本能要節用有度。」[51]性欲有如手磨胡椒罐裡辛香的調味料，每個人都可以按照個人的口味對生活加料。愛比克泰德屬於希臘斯多噶學派，因此我們可以猜想他的看法，最好是把裝有狂野調味料的胡椒罐放在廚房抽屜最深的角落裡，不加注意，過著無味無欲無危機的生活。

　　長久以來，性高潮和死亡便是拜把兄弟。法國人稱性高潮為「小死」（la petite mort）。高潮過後，身體機能便急速下降。在性愛遊戲裡，勃起和射精的階段結束以後，在心跳加倍、呼吸急促的情況下揮別了性愛和激情，只剩下筋疲力盡，同時（尤其容易發生在男人身上），開始一段性冷感的階段，[52]可能持續幾分鐘，隨著年齡的增長，甚至幾個小時或好幾天。

　　俗語說得好，「離別有如小死」。美好事物結束的瞬間，總讓人傷感，如同一段悠閒的假期、一頓豐盛的晚宴或一場讓人心醉的性愛的結束。亞里斯多德曾說：「在交媾以後，所有動物都會憂鬱。」（Post coitum omne animal triste est）也就是心理學所謂的「性交後憂鬱症候群」（postkoitale Tristesse）。滿足本能之後，接踵而至的是憂鬱的現象。

　　對我們而言，關於（尤其是男性）高潮能力的有限性，諸如「一千次之後便彈盡援絕」的無稽之談並不重要，我們也不再相信叔

本華所認為性行為會縮短生命的主張。然而，性交後憂鬱症的現象確實存在，那是一種失落的感覺和對無法彌補損失的害怕。蒙田補充說：「此外，愛情的本質不過是一種擾動的渴望，追求那永遠得不到的東西。一旦得到佳人芳心，便熱情不再；愛情的實現就是它的終點；因為愛情以身體為目的，所以總是有厭煩之虞。」[53]

　　性交後憂鬱症候群！欲望的滿足也意味著它的結束。雖然此時應該感到極度快樂才是，但一種奇特的失落感油然而生，就好像我們在職場或體能上達到既定目標，當我們晉升為部門主管或跑完三千公尺時，我們是否就會感到永遠快樂？答案因人而異，主要取決於看待重覆事件的態度。晚間電視節目的重播很快就讓人感到乏味，但即使是第三個三千公尺仍然是件值得慶祝的事。每完成一個目標都是未知未來的開始，另一個新目標的起點。

　　是人類沒有感受快樂的天賦？還是真如布魯諾（Giordano Bruno）所說的，快樂只是短暫的？「無法滿足情欲讓人痛苦，情欲的滿足卻讓我們悲傷。我們所嚮往的，只是過渡階段的那個短暫片刻。」[54] 那是生殖器官的肌肉在每0.8秒收縮一次時才會有的狂喜幸福。在那以前是痛苦，而在那以後卻是憂鬱。「沒有人喜歡工作，即使是休息過了工作才剛開始，然而，也只有在工作過後的休息才能帶來享樂。」[55]

　　人類永遠無法獲得滿足，因為「所有的歡悅都伴隨著索然無味

的感覺，因爲，那讓我們歡悅的動作，既滿足我們的情欲，卻也讓我們興味索然。」[56]只有在階段過渡的片刻，我們才會感到滿足。如同攻頂的刹那，如同第一次讀到升職信的瞬間，快樂得無以復加，然而，那個片刻如此短暫，開始沒多久就已經結束了。

由於人類的本能永遠無法得到滿足，人類也陷入永無止境的循環，他必須解決渴望的痛苦，尋求滿足。而然，滿足不是絕對的，也不是永恆的，滿足只是短暫的，留下的只有悲傷以及新的渴求與欲望。

「他們對所愛的人沒有欲望，對於讓他們有欲望的人卻又沒有愛。」
——弗洛伊德[57]

赤裸的性欲本能與愛

「『愛』指涉的事物核心，自然就是以兩性結合爲目的的性愛，即一般所謂的愛，也是詩人歌頌的愛」，[58]弗洛伊德如是說。本能不正是人類存在裡的那個動物性，那個讓人蒙羞懷疑的部分嗎？非也，弗洛伊德認爲，不管本能的表現方式爲何，它都是構成愛情的重要部分。「我們往往不去區分『愛』所指謂的不同東西，它既包括自戀，也包括對父母和孩子的親情、對朋友的友愛和對整個人類

的大愛，我們也往往不去區分對於具體對象以及抽象觀念的傾慕。」[59]

據此，無論愛情的表現方式為何，都必須將它視為一個整體，性行為是愛情的生物核心，自然也不能和愛情的整體性隔絕。因為愛情裡非性愛的部分正是藉由性本能才獲得力量，雖然在現實生活中性本能的實踐常被扭曲，其本質卻從未消失，那就是「自我奉獻和渴望親密關係」。

弗洛伊德進一步指出：「語言在創造多義的『愛』的過程中，已經賦予它一個合理的脈絡。……精神分析並沒有就『廣義』的愛提出什麼原創性的東西。柏拉圖所強調的『愛情』（Eros），在起源、作用和性關係方面，與精神分析所強調的原欲完全吻合，……當使徒保羅在《哥林多書》裡讚美愛的至高無上時，他也是指廣義的愛。那只是說，人們不總是嚴肅對待他們的偉大思想家，即使是他們聲稱尊崇偉大思想家的時候。」[60]

無疑的，「廣義」的愛是欲望和溫柔二者平靜且信賴的契合，是赤裸本能和美好幸福的和諧交織，合而為一，也就是真愛，至今始終是兩性關係的理想。弗洛伊德借由柏拉圖的學說說明真愛的美感價值、崇高聖潔，來自於身體需求和溫柔感覺的融合。如果我們想要有和諧的性愛，就必須考慮到愛情的廣義範圍和整全性：人是個整體，不只是肉體，也不只是精神。

　　然而，傾慕的深情和赤裸的本能之間總有讓人痛苦的鴻溝而無法合而爲一。弗洛伊德認爲，這種不幸的情境特別容易發生在某些人身上：「有些人無法完全脫離父母的權威，無法或不完全收回對父母的傾慕，尤其是女兒，往往在青春期過後仍然保留全部兒童期的愛，使得父母感到極爲欣慰。值得深思的是，如此的女孩在婚後經常無法盡到作妻子的本分，她們往往是冷漠的妻子，對房事可有可無。」[61]

　　越是深入觀察性心理的疾患，越能發現亂倫對象選擇的意義。「那些既極端渴求愛情又畏懼現實生活裡性需求的女孩子們，……難免會把自己的原欲隱藏在不致引起自責的愛情後面，也就是一生都執著於在兒童期萌生而於青春期再現的對父母和兄弟姊妹的依戀。」[62]

　　「亂倫的對象選擇」阻礙了愛情作爲整體的、結合身體需求與溫柔關懷的和諧發展。欲望和溫柔不僅無法交融，還互相排斥，它們的共同點則是，即使到了成年期，兩者仍然幼稚不成熟。「他們對所愛的人沒有欲望」，[63]弗洛伊德在這半句話裡想說的是，這種精神官能症無法「眞正」去愛，他們極力隱藏自己的性欲元素，把僅存的愛表現爲樂於助人或兒童般的依賴。再者，對於精神官能症患者而言，愛的感受基本上有如對泰迪熊玩具的感受一般。他們覺得那便是眞愛。此時，愛情擺脫了身體的元素而被理想化，而另一半

42

可能正在浴室裡手淫呢。

悲劇便自此開始：一個人全心去愛，而另一個人卻出軌。

弗洛伊德繼續說，有亂倫傾向的精神官能症患者無法長期控制他們的本能，最後會自行向外擴展，尋找自己的道路。弗洛伊德也深思地說：「他們對所愛的人沒有欲望，對於讓他們有欲望的人卻又沒有愛。」[64] 沒有欲望的愛情是童稚的，我們已經討論過了。然而，下半句話同樣發人深省，沒有愛情的欲望同樣也是童稚的。

無論是童稚的愛（沒有欲望）或是童稚的欲望（沒有愛情），兩者如出一轍，正如每個裂縫都有兩面。因為童稚的愛而無法產生欲望的人，卻可以對其他人有欲望。他在童稚的傾慕對象身上無法找到或不敢承認的肉體歡愉，都可以在其他人身上尋得。只是，他無法愛他們。他無法產生愛意，無論是成熟或不成熟的愛，無論是欲望與溫柔二者和諧的愛，或是單純的傾慕，他的欲望摧毀了所有合乎道德的溫柔。為什麼呢？因為他的欲望讓合乎道德的溫柔時時聯想到亂倫對象，他的欲望發瘋似地愛上亂倫對象，渴望和他們交歡，但那是被禁止的。

把性愛對象和父母或家中其他成員聯想在一起，這種不幸的混淆不僅讓他無法對所愛的人產生欲望，也讓他無法去愛所欲求的對象。於是，無論是去愛某個人或對某個人有欲望，他永遠無法得到所謂成熟的愛。

　　無疑的，弗洛伊德所說的愛情與欲望的區別，也是我們習慣用來區別妓女和聖女、情人和丈夫的標準。正因為他「真正」愛自己的妻子，所以不屑去做污穢的床笫之事。那檔子事可以由低賤的妓女或情婦代勞。然而，當男人發現賢妻與其他男人有染時，吃驚的程度一定是無以倫比的，因為他心目中的聖女竟然是其他男人的妓女？同樣的，妻子雖然尊重、傾慕和推崇自己的丈夫，欣賞他的道德修養和君子風度，然而要享受真正刺激的性，最好還是跟一個讓自己神魂顛倒的猛男做愛。

　　有亂倫傾向的精神官能症患者情欲難耐時該怎麼辦呢？弗洛伊德如是說：「對於愛欲分裂者的主要治療方法，」可以想見此處所說的比較符合男性而非女性不成熟的性愛，「在於壓低性愛對象在心目中的地位！……只有滿足了貶抑的條件，性欲便能自由表現，性能力和歡愉都可以盡情發揮。另一種因素也可以得到該結果。那些無法讓傾慕和感官融合的人們，他們的性生活經常是很有教養的；對於變態的性目標總是敬謝不敏，然而如果不去滿足它，會覺得是肉體歡愉的損失，但是似乎只能找低賤的性對象去滿足。」[65]

　　法國哲學家巴塔耶在思考肉體美和性愛的關係時也極力推崇以上觀點。巴塔耶探討肉體美的性愛價值為何。「人們嚮往排除了一切獸性的極致之美，正因為在擁有了美以後，可以用獸性的方式去玷污和占有它。……美的重要性在於我們無法玷污醜陋的事物，而

性愛的本質就是一種玷污。在性愛當中，我們踰越了作為禁忌象徵的人性。人性被踰越、褻瀆、玷污。美越崇高，玷污就越澈底。」[66]

　　巴塔耶認為性的巔峰其實就是那短暫的褻瀆，對美的局部玷污，在那卸下人性走到獸性樂園的片刻。沒有獸性的欲望，也就不可能有（即便只是短暫的）性愛。如同黑格爾所說的，唯有全體才是真理。性愛的全體即其真理，它深入人體中最深刻、最古老的部分，甚至觸及人類存在的生物性根基。親密行為深潛到萬物的根基，甚至神聖的東西，此即為什麼我們如此重視性愛，並讚頌性愛為人類最深刻的情感。

　　另一方面（讓我們回到弗洛伊德在愛欲的分裂裡發現人本主義的見解），對當事人而言，不能完全地滿足性衝動，其實也有許多功能上的好處。「由於無法完全滿足，因而特別適合建立長久的關係。大部分的婚姻皆以該歷程為基礎。而那些直接的性衝動每次得到滿足後所承受的能量損失，必須經由原欲的重新積累而恢復，以至於對象可能已經改變了。」[67]果真如此，人類的婚姻理念便有些許悲劇性色彩，浪漫的愛總伴隨著奄奄一息的性，正如性愛總是寄託於沒有義務的狀況。

　　那或許只是情聖卡薩諾瓦（Casanova）或是唐璜（Don Juan）的觀點，卻也可能是人類意志和文化的問題，為了能夠有效防止不幸的關係，必須時時提醒自己去拯救私密生活的和諧一致。

「（他們）纔知道自己是赤身露體。」──《舊約‧創世記》 [68]

誡命和踰越的誘惑

　　約在六萬年以前的舊石器時代中期，人類（尼安德塔人）開始安葬死者，整理死者的儀容並立碑紀念。[69] 這是人類歷史的重要轉折點，因爲人類開始明確思索形上學的問題，人類精神的發展也隨之展開。

　　三萬年後的智人時期，在法國出現已知最古老的西方鑿刻壁畫。在粗糙的石塊、陡峭險峻的岩壁、平坦的骨頭塊或小塊的石片上，壁畫永久保存著。那是人類最早的藝術創作，內容相當一致：陰脣、勃起的陰莖、豐滿的胸部、肥大的臀部和交媾中的男女，[70] 後來才漸漸增加動物和狩獵的情景。無疑的，短暫的人生、性別的差異、死亡和生命的奧祕，是超越感官的文化思考中最早且主要的內容。

　　人類接著經歷了數千年的時間，才完全擺脫原始的動物性。一則是人類漸漸體驗到生命的有限性，二則是人類由對性事的坦然態度轉型爲對它感到羞恥。對性行爲感到羞愧是人類特有的狀況。雖然我們今日很難確認這個轉變的確切時間，可是早在猶太教和基督

宗教的創世神話裡，便對羞恥感的出現有了深刻的描寫。當夏娃和亞當先後吃了知識的果子，「他們二人的眼睛就明亮了，纔知道自己是赤身露體，便拿無花果樹的葉子，為自己編作裙子。天起了涼風，耶和華上帝在園中行走，那人和他妻子聽見上帝的聲音，就藏在園裡的樹木中。……耶和華上帝天主呼喚那人，對他說：『你在哪裡？』他答說：『我在園中聽見你的聲音，我就害怕，因為我赤身露體，我便藏了。』」[71]

　　無論轉變是怎麼發生的，人類的性愛的確因為羞恥感而增添了新的面向。裸體、蔽體、有意識的寬衣解帶和因羞恥而害怕，成為人類性行為裡的決定性要素。誡命、禁忌和界線隨處可見，為了性行為，人類不得不觸犯誡命、打破禁忌和踰越界線。

　　人類有別於禽獸的全新情境，也就是對性行為感到羞恥，明確揭示性愛時代的來臨。羞恥感和肆意放蕩的交互作用造成一種緊張關係，性愛的體驗自此開始。巴塔耶便曾指出：「只有當一個人的行為違反了一般習俗或輿論時，我們才會去討論性愛。性愛是我們絕對不會否認的外牆的反面，它揭露了我們引以為恥的感受、身體部位和習慣。」[72]

　　人類因為有了羞恥感和誡命而與動物有別。人類嘗試擺脫動物無法擺脫的毫無節度的性遊戲。然而，就在觸犯誡命的瞬間，人類再度和動物類似，卻也不想永遠回歸到動物的狀況。[73] 巴塔耶

說：「在踰越的片刻，我們感到害怕，沒有害怕的感覺，也就沒有所謂誡命的存在，那是罪的經驗。罪的經驗導致了踰越，踰越則保證誡命得以存在，然而，維護誡命的目的在於剝削誡命。性愛的內在經驗要求當事者必須對於恐懼非常敏感，恐懼既是誡命的基礎，也是踰越的要件。」|74|

　　不同於交媾，性愛必是界線的踰越，「一個秩序的顛覆」|75|。「交媾和性愛是兩碼子事，動物只有交媾，而人類以『性愛』一詞所描寫的活動，是一個包含了『魔鬼』元素的行徑。」|76|所謂「魔鬼」元素的行徑，就是把有意識的傷風敗俗的行為當作一種快感。巴塔耶說：「對人類而言，誡命的產生總是伴隨著某種快感，所有的快感也必定與誡命的感覺有關。」|77|

　　在猶太教和基督宗教的文化圈裡，關於性的誡命非常嚴格。性欲淪落為萬惡淵藪。在這個意義下，法國詩人波特萊爾（Charles Baudelaire）的話不無道理：「愛情唯一和最高的快感就在於讓人了解到作惡的樂趣，男人和女人生來便知道性欲根源於邪惡。」|78|如果性愛本質真的源自對於誡命的違背，那麼把性行為烙上邪惡的印記，無疑是把性愛的感受提升到極致。罪的重量同時刺激甚至導致我們的恐懼和欲望。

　　另一方面，性體驗可以媲美於聖徒或神祕主義者的經歷。就感受的深刻程度而言，神祕經驗和性經驗不相上下。聖女大德蘭

（Theresa von Ávila）和聖文德（Bonaventura）的作品清楚證實這一點。聖文德的日記指出，在神祕經驗裡經常會感受到：「被肉欲的河水染汙。」 | 79 | 在東方，印度坦特羅祕教的修行更有意識地藉助性經驗去喚起不可思議的境界：藉由不漏點滴的明點（精液），身體的擁抱能夠迅速入於欲樂定。由此看來，感官和宗教的出神，性愛的刺激和神祕的禪定總是可以互通，因爲兩者皆服從於同一個原則，都和踰越界線有關。

隨著基督宗教的傳播，感官的性愛被隱藏起來。在藝術和基督宗教的神話裡，性愛予以昇華了。直到十八世紀的啓蒙時代，人們才再度公開討論性愛。洛可可時期的文學更是充斥性愛情節，極少論及「純潔」、「眞實」、和「崇高」的愛。尤其是在法國，情色文學成了描繪社會悲慘狀況和公開討論政治革命理念的手段。在該時期的小說裡，性愛和哲學思想往往互爲表裡。 | 80 | 小說裡的主角在翻雲覆雨，嘗試不同的性愛遊戲之後，開始思索形上學和道德問題，好提振精神並再次享受魚水之歡。

這種文學技巧在十八世紀中葉別具一格，它指出對於身體需求的反省讓理性完全解放且啓蒙。相同的意義下，弗洛伊德的理論被應用在政治革命的目標，尤其是馬克思主義的激進派。性規範和禁忌的突破同時也是對既有社會秩序的突破，最終將會引發革命，如德國心理分析師威廉‧萊希（Wilhelm Reich）和奧地利藝術家奧

多‧慕爾（Otto Mühl）的看法。然而，該思潮並沒有達到預期的效果。性解放最後還是淪爲平庸的性工業，和政治啓蒙完全不相干。

哲學家根特‧安德斯認爲，那些「可悲的裸體文化先知」（即他所謂天體營運動的支持者）註定要全然失敗。因爲，他們不但沒有促進裸體文化的發展，反而把裸體看成人類所獨有「愛情的戲服」而消滅了裸體文化。因爲當先知們裸裎相見時，他們有如動物一般，在動物階層裡是沒有所謂的特有戲服，可是人類現在卻有機會「爲愛情特立獨行，赤身露體」。對安德斯而言，裸體文化的支持者無疑與「十九世紀自然主義的副產品——清教徒——沒什麼兩樣，他們企圖把性愛的特製戲服給普及化，以打破壟斷。」[81]

現在天體營已經退流行了，天體營不再帶有刺激緊張的氣氛，反而會讓現代的都會人聯想到洗三溫暖或是得去看心理醫生。爲什麼呢？可能是爲了實踐人類所特有文明化的性生活，人類需要界線和誡命。界線、誡命和禁忌可說是享受性愛的先決條件。沒有對誡命價值的尊重，就沒有性愛，沒有這個尊重，性愛的觸犯禁忌不但不可能，也不再有什麼吸引力。

第二章

熾熱的激情

「那落在她身上的目光，讓她的心跳驟然加速。她瞥了他一眼，與他的視線相遇，突然覺得眼前一片發白。熾熱的激情洋溢在他的臉上，如墳墓般寂靜的激情，就是這樣的激情擄獲了她的芳心，使她成為他的。」[82] 真是讓人拍案叫絕的場景！《尤里西斯》（*Ulysses*）小說中男主角在海邊信步漫遊，與遠處坐在石塊上女孩的眼光不期相遇。四目相交，遠處的女孩馬上感受到一股前所未有、排山倒海而來的情欲。

文學上慣用「天雷勾動地火」或「乾柴烈火」等等與光和火相關的景象來描寫那種感覺。當然，兩人在沙灘上凝眸相望的瞬間燃放煙火是再恰當不過的了。男人熾熱的眼神讓女人內心沸騰，女人洋溢的激動更是挑撥男人的情欲。男人私下開始自慰，女人不經意讓男人瞥見裙下的旖旎春光。那是一種有距離的陶醉。煙火落幕時，圍觀的人群高聲歡呼大聲鼓掌，「然後，一切又如露水般地蒸發在灰暗的空氣中。啊！一切是如此的寧靜。」[83]

在小說裡，喬伊斯（James Joyce）果真穿插煙火的情節，清楚生動地描繪了激情的組成要素：莫名的悸動、陶醉，以及清醒後的冷靜。在喬伊斯的小說中，這股冷靜來得很快，女孩起身而立，瘸著腳跛行離去。遠處依岩而立的男人，震驚於女孩明顯的身體殘缺，內心輕蔑地暗想：「我就說嘛，一開始我就覺得她哪裡不對勁。」不，他其實什麼也不知道，在女孩映入眼簾的瞬間，他什麼

也不知道，只是被陣陣情欲蠱惑而不能自已。

對忠實或出軌而言，「激情」（Leidenschaft）都是一個強而有力的動機。激情可以讓人無條件地忠實。一旦一個人渴慕某個人，他觀看世界的角度也會改變，眼裡除了佳人以外，根本沒有其他人存在。即使所有的女人穿著輕薄的性感內衣在街上走動，戀愛中的男人眼裡也只有他所渴求的女神。即使所有男人不斷散發睪丸激素，戀愛中的女人眼裡也只能容得下她所傾慕的白馬王子。在激情當下，忠實並非難事，因為心有所屬才能讓自己激動興奮，只有渴慕的對象才能長駐心中（和其他器官）。此時，所有的願望、夢想、身體的所有反應，都獻給了心上人。

如此令人窒息的神魂顛倒，看似可喜並值得追求，背後卻隱藏了不少問題，尤其是當已婚者燃起對某人的熱情時。激情不僅是神祕而美麗的，也是很可怕的。因為激情有如突來的錯愕，是無意識的反應。它深深刻畫在臉上。抑制激情需要極大的毅力；社會風俗禮儀、責任感和對生活伴侶的真愛，都可阻止因激情引發的出軌念頭。[84] 然而，對於激情本身，我們不具備任何自然的抵抗力，更無法期待理性的力量。

激情（Lei/den/schaft, die; -, en; [fr.] passion）：
處於一種情緒性、理智難以掌控其表現的情緒狀態（在這種情

緒狀態下追求、渴望並企圖完成某目標）：著魔般的、具創造性的、盲目的激情；激情掌控、強占、擄獲某人；例句：煽動、挑起大眾的激情；他是激情的玩偶。

以上為德國《度登辭典》（*Duden*）│85│對「激情」的解釋。啟蒙時代哲學大師康德（Immanuel Kant）也從它排除理性的角度定義激情：「理性主體很難或完全無法控制克服的傾向乃為激情。」│86│康德如是定義激情。

對激情的概念繼續分析下去，可以發現激情由兩個階段和一個關鍵問題所組成。

第一階段：理想化
第二階段：清醒
關鍵問題：激情過後剩下什麼？

在激情的第一階段，傾心的對象往往被理想化和美化。只要是激情渴求的對象，都是完美無缺的，著名的粉紅色眼鏡是激情喜好的裝備配件。然而第二階段總是會到來，我們不得不摘下粉紅色眼鏡。瘋狂過去了，清醒時分到來。此時，我們才接受事實的真相，才了解到他（她）也只是個普通人，有缺點也有弱點，身上的一切

並不像之前看起來那麼完美無缺，也就好像我們突然赤裸裸地站在現實黯淡的燈光下。

來到激情無法避免的結局，我們不禁自問：「現在呢？瘋狂之後到底留下了什麼？」

首先是一種宿醉的感受，一段淒楚感傷的回憶。激情軟香猶在，我們開始追憶，在陽光普照的棕櫚沙灘上偷閒伸懶腰，那段讓人忘卻平日煩憂的美好假期。你看，你還記得嗎？相簿猶在，感覺卻已經模糊了。

> 啊，人生中最美好的盛宴
> 生命的五月天也宣告結束，
> 隨著結婚禮服的腰帶和新娘的頭紗
> 美好的幻想也破碎了。
> 激情已過！
> 愛情必將永存，
> 花謝了，
> 必將結出果實。

席勒（Friedrich Schiller）在1800年的中產階級警世詩〈鐘聲〉（Die Glocke）裡如是說。我們在詩裡感受到激情過後的挫折感。在

掀開新娘頭紗的剎那間，激情的心旌神馳也隨之破裂。「綺想是短暫的，悔恨卻是長久的。」懊悔甚至往往是激情過後唯一持存的東西。詩裡所描述的激情終究得回歸到義務層次。激情好比一個活潑好動的小孩，暫時被允許喧鬧發洩，但是終究得乖乖坐上餐桌。

詩裡「愛情必將永存」聽起來不太像是事實的確認，反而像是絕望的鼓舞。當然，激情過後，愛情未必長存，這不是必然，只是可能。愛情是激情過後的美好結果，愛情是讓戀人沸騰的情緒在現實裡得以持久的一條道路。愛情需要約定和承諾，是一種理性行爲，有別於單純來自情緒的激情。

對此，康德提出了兩種可能性：「除了結婚，不然（激情）因空想而產生的病是無法治癒的，因爲婚姻才是眞理。」 |87| 對康德而言，婚姻是讓人脫離激情瘋狂的解救方式，因爲婚姻是隱藏在激情背後的眞理。康德在此引用了盧克萊修（Lukrez）的一句格言：「卸下面具，才見事實。」（Eripitur persona, manet res.） |88| 激情的綺想必定會漸漸消逝無蹤，然而婚姻卻可以持久，因爲婚姻提供了男女性行爲的契約框架。激情是短暫的承諾，只有藉由婚姻才能持久。顯然康德不是浪漫主義的代言人，而是啓蒙主義的大師。

然而，以婚姻作爲激情完美結局的看法，叔本華並不抱持太大的期望。「大家都知道，幸福的婚姻屈指可數，」 |89| 叔本華說：「不過，我必須補充一句，以安慰那些溫柔的有情人：有時候，激情

的性愛會伴隨著來源完全不同的感情，也就是說，一種以情投意合為基礎的真正友情，但它經常只在本來的性愛因為滿足而消失以後才會出現。」[90] 叔本華認為友情是激情過後的唯一慰藉，但前提是結束那難以言喻的「性愛」。

然而，在激情煙消雲散之後，當然可能留下其他東西，那就是一無所有，既無愛情，也沒有婚姻，更不用說友情了，甚至也不會想和對方禮貌寒暄。激情終究只是短暫的幻想，一如李奧波‧布盧姆（Leopold Bloom）在沙灘上的經歷，與女孩目光接觸後，在璀璨的煙火下自慰。

激情最後是否能夠昇華為持存的東西，有待時間的證明。然而，就像河川一樣，激情未必會與其他支流匯聚。即使是河川，來自安哥拉多雨地區、流入貧瘠的納米比亞的奧卡萬多河（Okavango），最後也無聲無息地消失在沙漠裡。

長存事物的法則有別於激情的法則。激情有短暫的火花，雖然容易引燃枯枝，卻因為缺乏結實的木頭而無法持久燃燒。激情只活在當下和現在，並不想超越此刻。活在當下，享受片刻，是激情所想要的。

「那是一種火燄，讓我燃燒，卻不至於燒毀。」——布魯諾 [91]

論激情的本質

激情是一種狂暴的、經常需索無度的渴求。激情不只是出現在性事上，有時也會和收藏家、研究人員、藝術家、戰士或宗教狂熱者相伴一輩子並且控制他們。激情意味著犧牲奉獻和無條件的付出。在某種形式上，激情可說是時間、精力、人員、物力和崇高理念的耗損。激情的最高程度有如道德墮落或癮頭，至少是摻雜著希望、歇斯底里、貪婪、憤怒、創傷和畏懼的混亂情緒。那也意味著，在一般狀況下，激情不受（也不願）臣服於理性，反之，為了達到目標，激情甚至企圖戰勝理性的力量。

激情是一股強大的力量。然而，激情有別於人類一般的本能，不是每個人都擁有激情，程度也因人而異。激情讓個人沉醉。當個體充滿激情時，他的目標明確，眼光銳利，義無反顧，他明確知道激情的源頭。

然而，另一方面，就如同俗語所說，激情也讓他盲目，有如達摩克利斯（Damokles）的寶劍，潛藏的危機時時威脅著自己和他人。身體的衰敗、經濟的破產、擔負的罪刑、甚至死亡的威脅，為激情所左右的人甘願承受一切，同時苛求別人跟他一樣。也因此，往往只是一念之差，他就會犯下滔天大罪，此時，他不僅希望身浴

火海，更希望隨著激情灰飛煙滅，對他來講，誰或什麼東西與他同歸於盡，都無所謂。

　　姑且不論理性和道德對激情的負面評價，激情往往被視爲創造力的源頭，是成就豐功偉績的前提。那是不無道理的。若不是激情，當下如何能夠解釋個人的負重致遠？若不是被激情驅使，誰又會明知不可而爲之呢？

　　如果沒有激情，歷史上也不會有人企圖解開人類生命構造之謎，或是征服世界各大洲。對善良的歐洲人來說，作爲戰後餘生的一代，我們認爲那種激情是誇張、扭曲而且不道德的。我們認爲應該限制那種權利要求，該對他們澆冷水，直到他們宣誓放棄它爲止。哲學家黑格爾卻認爲那只是「心理的假道學」，基本上是自欺欺人的。

　　「馬其頓的亞歷山大大帝征服了大半個希臘後，便東征亞洲，他有征服欲。他的一切作爲都來自虛榮和征服欲。……哪個學校老師不曾以亞歷山大和凱撒爲例，說明被激情所左右的人最後是如何變成敗德者，並且認爲自己沒有那種激情而優於他們，因爲他不曾舉兵進軍亞洲、不曾擊敗大流士和印度波羅斯王，只是過著太平的生活，讓他人也能太平生活著。」│ 92 │

　　就此來看，只有當我們沒有力量擁有偉大的激情或是那力量不再的時候，道德才會變成一種現象。如果我們現在抱怨激情是個弱

點，認為沒有激情才是真知灼見和自由的選擇，無疑只是在強詞奪
理。

誠然，讓激情恣意妄為是非常危險的。然而生命不就像尼采告
訴我們的，應該不斷「向高處爬」？生命不是要「高瞻遠矚」、「追
求極致的美」嗎？[93] 我們是否已經成為柔順的寵物，虛弱多病、
平庸無奇，不再有任何熱情了？叔本華說：「那不是你們的過錯，
向天吶喊吧，以你們對罪的貪婪向天吶喊，那將要舌吻你們的閃電
在哪裡？那應該要注射到你們體內的瘋狂又在哪裡？」[94] 正是這
種瘋狂，集光明和黑暗、喜悅和悲傷於一身。

狂熱、歡愉、陶醉、苦樂參半的片刻，正是性愛激情的本質。
希臘女詩人莎孚（Sappho）在著名的女同志情歌裡捕捉到那片刻的
感覺，並且極力鼓吹昏頭轉向、心猿意馬的片刻：

> 性愛沖昏了我的頭，
> 如同一陣來自山中、
> 吹倒橡樹的風。[95]

當時好戰的貴族子弟阿凱歐斯（Alkaios）也有類似的描寫。盛
夏的八月天，汗流浹背的身體熾烈的需求、永無止息的渴望和無力
感、大腿和陽具的虛脫。

喝口酒潤潤喉嚨吧，你們都知道，天體有其軌道，
熾熱的酷暑讓一切都枯竭虛疲，一年中最難熬的時期。
樹間枝頭傳來知了陣陣悅耳的鳴歌，
萊茵河畔薊草百花齊放，
沒有比此時的女人更加顯得嬌媚惹火，
然而沒有比此時的男人更加軟弱無力，
軀體是如此沉重，雙膝因盛夏的酷熱虛脫無力。 | 96 |

　　激情總是在此時此地、在魔幻的片刻，專注地行動。在那個瞬間，所有知覺的溝渠都打開了，注視著對象，感覺極為敏銳，而正因為太疲累了，一切變得模糊而飄飄然。正是那飄飄然的感覺，亦即癲狂和暈眩的前兆，在激情當頭時加速了體液的分泌，讓陽具勃起，千萬別軟下去啊！重新注入新的力量，如手動風箱般再度席捲熾熱的心，點燃熊熊烈火。眼睛炯炯發亮，什麼事都幹得出來，甚至為了橫刀奪愛而刀劍相向：

　　趁大家熟睡之際，我悄悄潛入營地，在那裡我看見了她：
　　她的手臂有如一隻年輕、未曾生育過的長頸駱駝的腿，散發著紅潤的光澤，
　　她的胸脯柔軟白皙，有如盛滿象牙的珠寶盒，未曾被粗糙

的手指掀開，
她的背脊高聳而消瘦，大腿卻是沉重豐滿，
她的臀部肉感十足，深陷的股溝，幾乎讓我瘋狂，
飾物和足環在她光滑如大理石般的腿上清脆作響。|97|

　　在發情的狀態下，哲學的光輝也會完全隱遁，良知也難為情地躲起來，只有聽任衝動和本能的擺布，拋棄了一切審慮和反省、節制和中庸，激情把我們帶到一個灰色地帶，撕裂我們。為激情所蠱惑的人身處於「極度的矛盾」，如文藝復興時代的哲學家布魯諾所言：「他在冰冷的希望中顫抖，在沸騰的願望中燃燒，因渴望而吶喊，因害怕而闇啞。」|98|撕裂的狀態，對幸福的渴求，他不知道自己怎麼回事。然而，他知道自己情願如此，直到永恆，他願意如此燃燒下去，不留任何餘燼。

　　當飛蛾朝向鍾愛的光源時，
　　並不知道撲火的嚴重後果；
　　當口乾舌燥的麋鹿跑往河邊時，
　　並不知道鋒利的弓箭正等著他；
　　當獨角獸奔向足以蔽身的洞穴時，
　　並不知道那有為他而設下的陷阱：

在光源中、河水邊和洞穴裡，我看到火焰、弓箭和繩索。
我極度的渴望是甜蜜美好的，
因爲崇高的火把滿足了我，
因爲神性的弓箭以甜美的傷口遮蓋了我，
因爲陷阱的繩結拴綁住了我的渴求思念，
那麼，儘管一切是如此難以承受——
心中的火焰、胸前的弓箭和心靈的索套。[99]

　　我們希望處於這種狀態下嗎？當然！我們視它爲生命中的燦爛時光，小心翼翼地保存在記憶中。如數家珍的回憶，證明我們曾經風光過。當我們年事已高，接近生命的尾聲，無聊地坐在火爐邊時，那些回想讓我們確信自己沒有白走一遭。然而，不管是晚年的追憶，還是當下的處境，瘋狂歲月轉眼已成煙雲。熱情退卻後，清醒自然隨之而來。在某些情況下，不僅淚如雨下，甚至伴隨著悔恨和罪惡感。如齊克果所言，由於「驚醒的良知和反省的闖入」，當初表現爲「美感的冷漠」的東西，如今在悔不當初的人看來，只是引人犯罪的「罪惡園地」。
　　「唐璜已死，樂聲寂然」。[100]

「被激情所控制，是一種情緒的病變。」——康德 | 101 |

激情是精神疾患和破壞的力量

翻閱西方哲學中關於人類激情的命題，很快可以得到一個印象，彷彿那是一場戰役、一場保衛戰。幾乎所有人都主張說，在激情的行為裡，我們失去了僅存的理性力量，如此一來，人類的自由（哲學的目標）將無法實現。

英國哲學家洛克（John Locke）指出，只有當人類完全成為「激情的主宰者」時 | 102 |，才可能得到「真正的自由成果」。德國啟蒙大師康德極端地認為激情是一種毀滅性的力量，就像「毒癮」，「吞下毒藥以後的病變，……需要醫生的治療。」| 103 |

如果（愛情的）激情完全擄獲我們的心，我們將漸漸衰弱，| 104 | 終而瓦解，不復存在，至少不是以我們慣有的方式存在。就像那附骨之蛆的癮癖，激情也會扭曲我們的人格特質。也可以說，它讓我們某些心靈特質浮出表面，而讓某些特質消失。那往往帶來意想不到甚或無法估計的後果。在這個狀況下，我們漸漸迷失在自己或別人之中，我們時時刻刻受到牽絆，覺得陶醉醺然卻又無法完全滿足，窒息般地被吸引著。在這「甜蜜的束縛」中，我們偏離了日常生活的一切準則。

如果激情來自愛慕的雙方，兩人都身心健康，沒有重大精神疾

病，那麼，那段激情經常會被視爲幸福美好的時光，是生命中值得把握和慶祝的燦爛片刻。就算它並非一直那麼美好，我們仍可以將其核心部分當作珍貴的寶石，保存在記憶中。

然而，激情的欲望經常會沾染病態的特徵，引發潛藏的精神疾病。激情讓我們擔心受怕，表現爲憎恨和懷疑，而在心裡左右爲難，成爲不易跳脫的痛苦情境。它就像一條毒繩綑縛了雙方，帶來許多無法補償的折磨。既不快樂，也無法解脫。占有欲、執著和嫉妒盤據了日常生活，抹煞了自在平靜的氛圍，而那卻是溫柔和愛的存在條件。

對於另一方的渴求始終無法滿足或平息。怎麼樣都嫌不夠，對人的尊重和禮節蕩然無存，肆無忌憚，人性開始腐敗，變得粗鄙野蠻。如果我們依然緊抓著自己輕視的對象不放手，將會很尷尬地感受到席勒所稱「本性的執拗」[105]。我們身不由己，對自己和另一人施暴，我們的愛和恨都是同一個作用，如弗洛伊德所描述，那是「強迫症患者最常見、最明顯、同時也可能是最重要的特徵」[106]。盧克萊修的詩句證明了那種行爲是舉世皆然的：

那讓他們[107]著迷的東西，幾乎教人窒息，
相互虐待對方的身體，疼痛不己，
是的，他們常常以牙齒咬住對方的嘴脣

……不是出於單純的欲樂，
而是隱藏的螫刺讓他們傷害別人。|108|

　　暴力漸漸掌權，生命乾枯，癰瘺四起。於是，死亡也不遠了。

　　法國導演楚浮（François Truffaut）在他的經典作品《夏日之戀》（*Jules et Jim*，1962）、《軟玉溫香》（*La peau douce*，1964）和《鄰家女》（*La femme d'à côté*，1982）中，準確而生動地表現了性的激情如何突然籠罩一個人的生活，使他頹廢，甚或因為情殺而毀滅。動機只需如《鄰家女》中一個貪婪、渴望，或如楚浮所謂「病態」的眼神。那個眼神決定了一切。生命裡最活躍的激情被點燃了，悲劇也跟著揭幕。

　　卡繆在《薛西弗斯的神話》前言裡說：「人們所謂生存的理由，同時也是死亡的最好理由。」|109|雖然他當時聯想到的是政治改革，是那些為生存抗爭，不惜犧牲自己和他人性命的革命者。然而，毋疑的，這句話同樣可以恰如其分地描述所有病態的激情。

「纖細惹人愛憐的尤物，卻是瘦得活不下去。」——盧克萊修[110]

激情把一切都給理想化

　　我們看到激情與理性兩者是如何地南轅北轍。激情可說是理性的對立面，也就是大家常說的「感情用事」。激情猶如感情的原爆點。

　　「理性無法完全解釋人類內心的理由。」[111]若非如此，我們就無法解釋每年在渥爾特湖畔（Wörthersee）舉辦的福斯高性能噴射引擎（GTI, grant touring injection）車展；若非如此，我們就無法理解為什麼有人願意以350歐元的高價，來買一個「以湯匙和生蛋來滑蛋的藍色小精靈」——「健達出奇蛋」八〇年代的珍藏版[112]。什麼？你懷疑這種蛋的價值？「在出奇蛋的交易場上，透過多位經驗豐富的買家鑒定並證實為真品。它具備了以下的真跡辨識特徵：蛋與湯匙側面有連續性的接縫，湯匙展現出應有的彎度。接縫點從手臂的側面開始，往上看在接縫周圍也顯示應有的和諧與對稱。從玩偶的質材也可鑒定絕非贗品。」[113]

　　這些細節說明是否讓你怦然心動？想想看，雖然只是機器生產的塑膠玩偶，卻是不折不扣的真品啊。如果真地心嚮往之，那麼350歐元又算什麼。但是理性未必會贊同這項買賣（除非理性計算了轉售的價差，然而那就不是激情，而是會作生意了）。是內心在吶

喊，這個玩偶世界上獨一無二，它非我莫屬，它該是我的。

現在請以「女孩」替代「玩偶」，我們便來到丹麥哲學家齊克果的身邊：「觀察女性之美散發的光芒，我的眼睛永遠不會感到疲倦。每一道光芒都具備特有的美，獨一無二的美……那神祕的前額，嫵媚的卷髮，天國般的驕傲，塵世般的嬌羞，天使般的純淨，輕盈的步伐，那微紅的雙頰，那窈窕的體態……豐滿的胸部，輕巧的玉足，誘人的柔黃。每個部位都是獨一無二，各自有特別的美。如果我一看再看，如果我微笑、嘆息、奉承、威脅、渴求、希冀、大笑、流淚、希望、害怕、贏得、失去，那麼我是在蒐集這些片段，化為和諧的整體。我的心靈感到無限歡喜，內心怦然跳動，激情充斥胸臆。這個世界上獨一無二的女孩，非我莫屬，她必是屬於我的。」[114]

戀人的眼睛所見突然變得溫柔而模糊，所有稜角都消失了，前額是如此「神祕」，卷髮是如此「嫵媚」，雙手是如此「誘人」。一切的一切，對戀人都是美好的。盧克萊修知道如何用美麗的詩句來掌握這種感覺：

> 因為這正是許多人常做的，
> 當愛情讓他們盲目以後，
> 往往賦予所愛之人實際上並沒有的魅力，

這也是人們常說的，情人眼裡出西施，
許多醜陋的女子，卻被人傾慕而歌頌。
……
畏縮膽怯的女孩被形容爲「溫柔害羞」、「高貴美麗」，
體態臃腫的女子則具有「皇室的威嚴」，
如果她們說話結結巴巴，那麼她們是「悄聲細語」，聲調「害羞可人」，
如果她們說話大聲、出言惡毒、道長論短，就被稱作「熱情澎湃，活力充沛」，
「纖細惹人愛憐的尤物」，卻是瘦得活不下去。
「體態苗條」的女孩，很可能咳嗽一下就會死。
……
他 |115| 反覆思索，內心深處的悲歌都煙消雲散。
於是他放棄了那些蠢事，因爲他領悟到
與其槁木死灰，不如與她同歡做愛。 |116|

　　我們往往爲激情傾慕的對象賦予既觀察不到、也不存在的魅力。由於觀察角度不同，「以湯匙和生蛋來滑蛋的藍色小精靈」可以只是一塊淨重500公克的壓縮塑膠，但也可能是一生中見過最讓人怦然心動的珍品。一旦點燃了激情，渴求的對象也就被理想化和

誇張化。

　　法國作家斯湯達爾（Stendhal）在十九世紀初的《論愛情》一書中，把這個美化和理想化的歷程比喻爲結晶作用：「在礦鹽區的鹽山，如果我們把一段枯枝丟入荒廢的鹽坑深處，然後再抽出來，便覆蓋了閃亮的結晶體，即使是再短小的枝幹，小如麻雀的腿，也被無數鬆散發亮的鑽石結晶所覆蓋，而看不到原本光禿的枯枝。就好像戀人不時在對方身上發現新的優點，我把這種精神行爲稱作結晶作用。」| 117 |

　　如果結晶作用發生在雙方身上，那麼我們可以學盧克萊修那樣一笑置之，然而它也像雙人溜冰所產生的巨大神祕力量。因爲把對方理想化了，就會心心相繫，共同克服外來的阻力。此時，由於完全看不到其他人的存在，對於愛人是完全忠誠的。康德定義說：「讓理性在選擇時無法比較所有的傾向的，就是激情（passio animi）。」| 118 |如果有人因爲某個願望而失去正確評估選擇的能力，那麼無疑是激情讓他盲目。

　　排他性也是盲目激情的特質，它甚至眞的會漸漸導致戀人之間的空間緊縮，他們只愛對方，別無所求。這種如膠似漆的伴侶形式多少有點不正常，套句弗洛姆的話，可說是「成雙成對的自我中心主義」。| 119 |激情不僅讓人視野狹窄，同時帶給人一種孤島的美感。兩人處於孤島，眼中只見對方美好的身影。如萬花筒一般，視線所

及全是那麼地美麗璀璨。然而那不是現實世界。當懷疑或不確定感產生時，人們開始從痛苦中認識到激情的瘋狂。戀人痛苦不堪，「渴望朋友，但情人是沒有朋友的」。[120]

痛苦的戀人渴望勸告和安慰，卻聽不進朋友的勸告。他要尋找的是他無法接受的，因為他的大腦還沒有準備好接受那樣的忠告。「身為朋友，想要治癒一個病人（戀愛中的人），首先他必須站在朋友心愛的女人那邊。」[121]斯湯達爾衷心建議說：「然而，所有的朋友幾乎都反其道而行，熱心卻缺乏頭腦，換言之，他們用可笑無力的武器去攻擊所謂結晶作用形成的幻覺。」[122]我們無法以辯論去解決一個人的情感。即使是痛苦萬分，對象的理想化也不容爭辯。為情所苦的人並不是要聰明的勸告，而是要證明自己的幻想是對的。

尼采提醒我們隱藏在瘋狂背後的現實世界：「看看不同的機制和社會禮俗如何讓片刻的熾烈傾慕變成了永恆的忠實，讓憤怒的欲望變成永恆的報復，把絕望變成永恆的悲傷，把一時的話語變成永恆的責任。每一次的偽裝都為世界帶來更多的虛偽和欺騙。」[123]

尼采在文中認為，對象的理想化和誇大是無法持久的。無論激情如何蒙蔽我們，現實世界絕對不會像感官的胡言亂語那樣美好。現實世界總是如當頭棒喝，我們最好事先做好心理準備。在心旌搖曳的狀況下，我們把事物膨脹到無限大。基於「片刻的熾烈傾

慕」，也就是激情，我們承諾永恆的忠實，但那完全是兩碼子事。激情是短暫且有限的，而永恆的承諾顧名思義則是長期的事。

我們或是憤憤不平，發誓要「永恆的復仇」。我們再次把一時的情緒衝動看成長期的事，等到事過境遷，那些情緒一點也不重要了。束縛我們的，不是內在的必然性，而是那毒誓。絕望亦復如是，我們很快便墜入永恆的悲傷裡，輕率的承諾也是如出一轍，我們不知怎麼就是無法擺脫它，突然變成我們並不想要的長期義務。

人類似乎都有誇大情緒的傾向。當我們有一點點難過，我們不會願意承認只是「一點點」難過而已，而習慣誇大為哀毀逾恆。若是如此，我們就成了尼采所謂的虛偽和欺騙的人，我們所有的感覺都要是偉大、真實、高尚和美麗的，要比我們所是、所能夠的，還要偉大、真實、高尚和美麗。當瞬息的熱情喊著「我要你」時，我們就已經準備結婚了。尼采說，那太誇張了吧。請冷靜一點。我們不該「在思惹情牽時做出任何生命的決定，我們不該突發奇想地決定自己的社會角色……我們應該公開宣告情人的海誓山盟是無效的。」|124|

兩情繾綣的時候，山盟海誓顯得容易，大概戀人都該有一份附件，註明當時所說的一切不見得是真的。當激情退潮、恢復理性時，我們才可以開始認真討論，所幸那一刻肯定遲早會到來，因為對象理想化的歷程是無法持久的。

　　持存的是為了曾經沉湎於白日夢裡而感到無限歡喜，無論是寵愛某人或被寵愛。請盡情享受那美好的回憶吧，同時也該感到慶幸一切都過去了。我們實在無法長期滿足對方虛無縹緲的期待。總有一天，我們必須從別人身上發掘自我，而不是喪失自我。

「歡樂渴望一切事物的永恆。」——尼采[125]

激情是貪婪的

　　所有症狀都顯示激情有如毒癮一般。一旦染上情欲的癮便將萬劫不復。不准去見他渴慕的人、不准去感覺、不能和她交談？那怎麼可能？沾染上情欲毒癮的人，總是千方百計要滿足他的渴求。他在巔峰狀態時歡喜地喊：「我要你。」他大概不知道，他根本無法不要。

　　凡是有所欲求者，大抵都有些理由，但是激情的人往往不可理喻，他如痴如醉，欣喜若狂，所提出來的理由，最多只涉及魅力：那結實的肩膀、高雅的氣質、清香的體味、可愛的雀斑、寬大的胸肌、豐滿的胸部、幽默風趣……。那絕對不是清醒的腦袋會提出的論點，而是來自一顆熾熱渴求的心。別浪費脣舌跟他們爭辯，他們置身在另一個境界，無法被節制的呼喚或理性的口號喚醒。他們是

貪婪、渴望、瘋狂的。

　　以食物解飢總有個極限，最多在第五塊鮮奶油蘋果派後，應該就會停止。但是除了生理機能短暫的筋疲力盡以外，戀人對愛的飢渴永無止境。他們的貪婪永遠不止息，滿足的越多，想要的也就越多。

　　　　那是熾熱的心唯一想要的東西，
　　　　我們得到的越多，我們就越是想要
　　　　佳餚美饌到了體內
　　　　在那裡安營紮寨以後
　　　　也就滿足了飲食的欲望。
　　　　但是，對於佳人美麗的臉龐和動人的姿態，
　　　　唯有那溫柔的倩影才能夠滿足我們身體的歡愉
　　　　如此微薄的慰藉啊，經常隨風遠颺，
　　　　……
　　　　最後，當四肢交纏，
　　　　以品嚐青春的果實，在初次的歡愉感受裡，
　　　　當維納斯準備在女體裡撒種時，
　　　　他們貪婪地彼此緊貼胸膛，嘴裡的津液匯流在一起，
　　　　在喘息中牙齒緊咬著對方的嘴唇

但一切都無濟於事，
他們既不可能撕裂對方的身體，
也不可能滲入對方的肉體，
那是他們此時使勁想做的事；
他們是如此緊縛在維納斯的繩索裡
直到被快感征服，四肢瓦解
整個性欲都自血管裡傾洩而出，
狂暴的雲雨暫歇，
接著同樣的瘋狂再度襲來，
最後他們再次試著去滿足欲望。│126│

　　儘管盧克萊修的詩篇聽起來非常詩情畫意，但字裡行間卻流露出一種窒息的感覺。在貪婪的情欲裡，不分男女，人不再是自己。「人類只不過是演化成熟的水母」，美國精神科醫生伯恩（Eric Berne）所言不無道理。我們很多的「自主」行為並非來自自由意志，而是基因程式作用的結果。│127│我們只能在程式的界線裡自由活動。

　　狗總是暴飲暴食，看到什麼就狼吞虎嚥。牠不相信明天還有東西吃，現在有得吃就要吃個夠。

　　激情的人對性愛也是暴飲暴食。他總是貪得無饜，在千百次的

撫摸、結合和午夜的性愉虐之後，仍然需索無度。即使說盡了千言
萬語，戀人還絮絮叨叨。戀人像小孩一樣，需要不斷重複，像小狗
一樣沒有信心，他無法相信所渴求的歡愉和對象明天還會存在。在
完事當下，腦袋可能想著：「該回家了，明天又是嶄新的一天。」
但是剛開車離去，就想回頭了。明天是嶄新的一天，可是我現在就
要一切。明天她還會在嗎？她剛剛的眼光不是很奇怪？我是不是應
該（或不該）說那句話？憂鬱、懷疑、害怕和野性的欲望，像滾泉
般紛至沓來。

如果將激情定義為理性的缺席，那麼我們就不該對這非理性的
害怕感到訝異。激情的人就像小孩一樣，必須藉由多次的重複才能
安心。

當成人心裡的小孩發出聲音，是很容易（在自己和他人身上）
認出來的。嬉鬧、跳躍、歡呼、大笑、悲傷、生氣、憎恨、嫉妒、
渴求、鼓舞、好奇、勇於嘗試、自私、不假思索、信心滿滿、無憂
無慮、溫柔或信賴，都是它的表現。| 128 |

有孩子的人就知道，小孩有一種滿足需求的特殊機制。小孩的
需索無度是自私的。我要，我要，我就要，我現在就要。像小孩一
樣激情的人，需要藉由不斷地重複來取得信賴感。雙方面必須不斷
地證明仍然渴求對方，深愛著對方。

為什麼小孩總是喜歡聽重複的故事？又要聽那個巫婆的故事？

這個故事你已經聽過了，要不要換個更新鮮、有趣……？不要？不要新鮮，也不要驚奇？不！他們不要。小孩對一個故事百聽不厭，因為他們認識這個故事。他們知道故事的發展和結局。那是個慰藉，帶來一種特殊的快樂，形成一種可以預知美好結果的緊張氣氛。戀人也愛玩這種遊戲，而且樂此不疲。激情的性是美好的遊戲，沒有誰能夠比人類玩得更好。「與住在洞穴裡的人類祖先相比，無論是在肉體的歡愉、在感官知覺和對性愛的渴求上，現在的人們都更勝一籌，人類是對性愛有極大胃口的動物。」（伯恩）[129]

有胃口就必須滿足，永無休止。如尼采在《查拉圖斯特拉如是說》中所言：「歡樂渴望一切事物的永恆，渴望深沉、深沉的永恆」，[130] 那也是激情自相矛盾的地方，激情渴求永恆，卻無法得到永恆。激情總有個保存期限，「我保留我個人的看法……愛情故事大概只會維持半年，在享用殆盡時，所有關係也跟著結束了。我看到這一切，也知道被寵愛、被對方捧上天，是我們所能想像的最高享受。」[131] 我們想要永恆，永恆卻只能持續半年。人們若想要在期限過後保有被愛的享受，就必須接受激情以外的其他東西。儘管激情渴望永恆，卻不認識「持久」這兩個字。「在享用殆盡時」，激情也就枯竭了。[132]

「當我們激情地緊抓著某人不放手，卻又看不起他時，我們就會很尷尬地感受到本性的執拗。」——**席勒** [133]

激情根源於本能

　　如果是天性或本能迫使我們去尋求性愛的激情，飢不擇食的我們投向了自己所鄙視、絕對不想介紹給母親認識的女人懷抱裡，那麼這無疑讓人非常尷尬。席勒早已經有所體認，妓院的老鴇似乎也很清楚，煙花柳巷總有個後門，讓尋芳客能快步閃入，免去被看到或認出的尷尬。「本性的執拗」需要一個能讓性欲暗地宣洩的保護場所。

　　然而羞愧的躲躲藏藏正是享受性愛的條件。如果我們真的想讓性幻想得到充分發揮，就必須跨越羞恥的界線。那個界線越是難以跨越，性幻想的內容也就越「奇特」。越難克服，就越色情，越讓人感到羞恥。越是讓人感到羞恥，則越色情，越難以克服。只有直截了當的性才是污穢的。

　　十三世紀的教皇英諾森三世原名羅塔利歐（Lotario de Segni），原本是個哲學家，他說：「魔鬼的信差總是設法戰勝清心寡欲，它挑逗刺激身體，讓身體在各方面都陷入窘境。」 [134] 魔鬼控制整個局面，讓可憐的罪人深陷情欲而不能自拔。魔鬼攻破他們節欲的生活方式，籠絡他們的羞恥心，使他們輕易就拋棄苦行的誓

願，一步步挑逗他們的「肉體」，引發陣陣的沸騰和苦惱。比較魯莽的人便漸漸跨越羞恥的界線，經由性愛的宣洩，轉守為攻，而獲得最後的解放。真是邪惡啊。

我們的意志力在性欲面前顯得軟弱無力且身不由己，對此叔本華評論說，激情是「一股強大的傾向，以誘惑的動機對意志施暴，那些動機比任何抵擋它的可能動機都更為強烈，最後完全主宰了意志，相對的，意志也變得被動而痛苦。」[135] 激情一旦爆發，必然受苦。那是一場內心的拉鋸戰，自由意志和本性的執拗短兵相接，讓人想望卻尷尬。他非常困窘，既期待又怕受傷害，為了安全起見，意志先舉了白旗。因為如此的難堪，終於成就了性愛的冒險，那對我們總是一個謎。

當我們帶著悸動的心穿過狹窄的後門，來到地獄的前院時，我們總是在理性的黑暗面裡摸索行進。正如席勒和叔本華所指出的，當激情牴觸良知和道德，讓我們「身不由己」（卻又不是完全違反個人意願），「當激情投射在某人身上，然而除了性關係以外，卻是憎恨、輕蔑且鄙視對方」[136]，這時我們是完全束手無策的。

無可救藥的樂觀主義者萊布尼茲（Gottfried Wilhelm Leibniz）也說：「如果沒有出於上帝恩寵的深思熟慮，如果沒有事先的謹慎，激情總將戰勝理性。」[137] 然而，這種勝利是多麼美好和刺激啊。

「人的精神越崇高，他的激情也越強烈。」──巴斯卡[138]

激情需要精神的力量

　　巴斯卡在一篇關於愛的激情的文章中指出：「在開闊的心靈裡，一切都是廣大的。」換言之，對纖細而成熟的心靈而言，激情的欲望並不陌生。那甚至屬於心靈的行為模式。當然，巴斯卡也明白，所有愛的激情都是由「身體」點燃的。但身體只是激情的基礎，激情的內容則「無非由思想和感覺」組成。由此可見，激情欲望的性質和強度，與知性以及情緒的能力息息相關。

　　巴斯卡認為，如果沒有「精神」，那麼擁有激情的我們只是半瓶醋而已。「精神的清澈也造就了激情的清澈，因此，一個偉大而清澈的精神會熱情洋溢地去愛，也明白他愛的是什麼。」[139]

　　由於具備明辨欲求對象的能力，精神成熟的人在激情當中坦然篤定。他知道他愛的是什麼。由於能夠對於所愛的對象就心靈全面去反省，他便可完全掌控激情的作用範圍。激情也因此得到力量和強度。只有在真正重要和有內容的東西上面，激情才會完全綻放。只有沉浸在「精神」的蜜糖裡，如土耳其甜點，激情才會成長茁壯。即便如此，激情既不單調乏味，也不枯燥理性，與其說激情是理性的思考，不如說是歌曲，與其說它是散文，不如說是抒情詩。

　　顯然，巴斯卡所謂要多一點「精神」，並不是指多一點「理

性」。雖然充滿激情的人也會作理性思考，但是他們只是要理性為激情服務，以滿足「精神」的要求。否則激情是不會聽從理性的，理性的選擇不是得服事精神，就是得三緘其口。只有精神才能兼具感性和理性於一身。理性絕對不是。

為了滿足渴望的激情，精神成熟的人多少都得改變一下本性。精神若要昂揚，理性就得閉嘴，對德國哲學家和詩人尼采而言，那就像是高貴化的歷程。尼采認為，高貴的人在充滿激情時對理性的冷靜是不屑一顧的，只有心胸狹隘的鄙夫才會算計激情的欲望為他帶來多少「機會」和風險。

「卑鄙者只想保有他看得到的利益。……和卑賤者相比，比他高等一點的人便顯得更無理性，因為高貴、寬大和自我犧牲的人，事實上都經不起他自身的刺激，而且當他處於巔峰狀況時，他的理性就會低落。一隻動物會冒著生命的危險去保護他的幼兒，或是在交配的季節裡隨異性臨艱履險，毫不顧慮危險和死亡。他的理性暫時失落了，因為他將所有的喜悅都貫注在幼兒和異性身上，而且擔心這個愉悅會被剝奪。愉悅和擔心完全駕馭著他，他比平常顯得笨拙，就像高尚者和大度者一樣。高尚者既具有如此強烈喜悅和痛苦的感覺，則理智若不是該在它們面前保持緘默，就應當屈就為它們服務，他的心跑到腦子裡去了，一個人如此訴說『激情』。」[140]

就理性看來，擁有「精神」和「心靈」可能是極端愚蠢的事。

心胸狹窄的人視激情為無物，卑鄙者只會精打細算。但是高尚者會去冒險，不問何時何地，總是快意體驗其激情，不管社會環境對他越軌行為的評價為何，不管他是否因此身敗名裂或觸犯法律。尼采寫道：「衛道之士總是對我們瞎說激情者的不幸，是的，欺騙才是正確的字眼，他們明知道那些人是多麼幸福快樂，卻對此三緘其口，正是因為那會推翻他們的理論。按照他們的理論，一切幸福是在摒棄激情和剷除意志之後才開始的。」[141]對熱情的人而言，激情才是真正的幸福，才是他精神力量和充滿靈性的本質所在。

「人類在本性上就是為激情而生的。」——巴斯卡[142]

人類需要激情

在哲學裡很少看到對激情的熱情擁護者。一般認為那是瘋狂、病態和浪費資源的。除此之外，「激情」很少得到較好的形容詞。雖然如此，「激情」所具備的創造力量卻是毋庸置疑。但是能夠清醒地坐在書桌前沉思哲學，誰還會想到要吸毒呢？激情已成過去式，現在講究的是辯證法。然而，不只尼采擁護激情，巴斯卡也認同激情。這位巴洛克時期的哲學家認為激情本身無可厚非，甚至希望藉由理性更加親近激情。他認為「人為思考而生」，在同一篇文章

中卻也承認：「人為激情而生。」原來兩者同等重要。這樣我們才能理解巴斯卡所得到的結論：「只有當人向情欲投降時，才能順從理性。」[143]

　　原來偶爾讓自己撒撒野是理性的。用現在心理治療理論來說，所有人格特質都應該得到健全發展，因為健全的發展也是心理健康的指標。無論是嚴格的理性自我，還是人性中的赤子之心，抑或是我們心裡如嚴師般的誡律，一切都有選舉權和發言權。

　　在巴斯卡的時代，推翻理性可謂思想的革命。長久以來，理性一直是哲學界的首席小提琴，舉凡理性以外的東西都遭到唾棄蔑視。自有哲學以來，摒除一切情緒的純粹理性，始終是追求的理想典型。雖不能至，但是心嚮往之。然而，在叔本華看來，以理性作為理想典型只是個幻覺，因為對他而言，是意志主宰了一切。意志只是不斷地欲求、不斷地存在、不斷地愛。那是意欲的問題，並不需要理性的理由。叔本華標示了哲學的分水嶺，以前由理性掌權，後來理性女神被解雇了。

　　齊克果也說：「教育的目的，不在讓孩童學這個學那個，而在於讓他心靈成熟，喚醒他的能量。你常說，擁有清晰的頭腦是件美好的事，誰會否認這句話的重要性。然而，我更情願相信，如果真的願意，每個人都可以做得到。只要給他能量和激情，他什麼都做得到。」[144]

　　這對於激情是多麼美好和熱情的描述啊！是啊！給他激情，他什麼都做得到。在激情中，人們找到自己並與自身合而為一。齊克果認為，教育的要旨不在訓練成精明能幹的人，而是要讓人得到能量和對生命的喜悅。

　　那也是架設回到巴斯卡的橋樑。巴斯卡認為激情是理性的。對他而言，激情是非常必要的。為什麼呢？因為激情讓人免於單調乏味：「人類很難忍受單調的生活。人類需要騷動，需要有所作為。換言之，對人類而言，因激情而騷動，感受心裡的活躍，深層的情感進而湧現，都是絕對必要的。」|145|

　　人類感受到激情的必要性，並且很聰明地去追求它，不然他會被單調給悶死。但是，如果偶爾向激情屈服是理性的行為，那麼要保持愛情忠貞便很難了，因為我們現在可以合理解釋不忠的行為。如果你在某個星期天的早晨對愛人哀嘆：「親愛的，我們之間變得如此單調乏味，我需要一點喧囂，很想讓激情給擾動一下。」你馬上會得到想要的喧囂，絕對保證。當然，基本上你也可能既不理性卻對伴侶保持忠實。

　　其中發人深省的是，激情雖然是必要的，但激情不像床頭燈那樣，可以隨時關掉。反之，當人們的激情被點燃時，理性往往會被關掉。讓我們在頭腦還沒有發昏之前，衷心感謝巴斯卡吧。謝謝，謝謝你偉大的心靈，你離我而去，卻把我交到瘋狂的手裡。

「激情當頭，我們往往浪費了許多無謂的資源。」──巴塔耶[146]

激情是不經濟的

　　激情的一個特質是：它總是猛踩油門往前衝。謹慎開車的人便知道，開車時少排一個檔，就可以省卻緊張和金錢。然而，激情卻不知道節制為何物。熱情洋溢的人也會開車，卻不會是個謹慎的駕駛，他會盡情揮霍自己以及所有的資源。

> 此外，弄得自己筋疲力竭
> 最後還得看另一個人的眼色過日子
> 怠忽職守，
> 名聲也敗壞了，
> 同時開始揮霍家產，只買來自波斯的地毯；
> 腳上必須閃爍著來自西錫安柔軟精巧的鞋子。
> 當然還得有偌大的綠寶石！閃爍著綠光，
> 鑲嵌在黃金裡，富麗的紫色束腰袍子
> 成為了居家便服，
> 由於經常穿著而變舊，並且吸飽了愛情的淋漓汗水。[147]

　　盧克萊修以此抱怨激情的影響。它不僅讓我們筋疲力竭，耗損我們的身體，茶不思飯不想，身心俱疲卻無法成眠。戀人的行為舉止異於常人。巴塔耶說：「如果我們行事理性的話，那麼我們就會試圖去取得各種資源。我們工作的目的就在累積資源財富，或增廣見聞知識。我們不計一切地豐富自身，累積財產，最後獲致的社會地位便歸功於這種行為方式。」這是一般狀況。然而，「當欲火焚身時，我們卻反其道而行，透支體力，毫無節度。激情當頭，我們往往無謂地浪費許多資源。」| 148 |

　　是啊，如果只是體能的耗損也就罷了。但是此外還得有「來自西錫安柔軟精巧的鞋子」、「偌大的綠寶石」。要是沒時間梳洗更衣，每天穿著牛仔褲和球鞋就夠了的話，那麼「富麗的紫色束腰袍子也成了居家便服」，就不足為奇。從銀行存款的狀況也可看到出軌的蛛絲馬跡，提取大量現金和紅腫的雙眼都可能是偷腥的證明。

　　燭光大餐、貼心的小禮物和可疑的緊湊出差行程，為了享樂而一擲千金。在理財專家的眼裡，那完全是不經濟的，只有支出而沒有投資。戀人賺取外快的機會也極為渺茫，因為他們竊取了自己的時間資源。所有空閒的時間都獻給激情，並且「怠忽職守」，把工作時間當成休息時間。就職場發展和財富累積而言，激情實在是有損無益的情緒狀態。誰想推銷保險產品給失戀的人，就是不知好歹的豬頭。

　　哲學家伊比鳩魯（Epikur）說：「如果不犯法，不違反社會規範，不傷害親近的人，不耗損體魄，不浪費生活所需資源，那麼你就可以為所欲為。」|149| 那正是伊比鳩魯主義，對於自身感覺總是不冷不熱，總是事先縝密地思考行動的後果。|150| 因為伊比鳩魯知道，「很難不讓自己陷入其中一個困境裡。」|151|

　　或許，當一個人從激情的心醉神馳裡清醒過來，看到銀行戶頭時，唯一能做的事，大概就是和伊比鳩魯同聲嘆息：「愛情的歡愉不曾帶來任何好處，但是如果愛情沒有造成什麼損失，那我們就該慶幸了。」|152|

第三章

眞愛

「愛情向來是最受歌頌的經驗。歷代騷人墨客莫不以種種瑰麗的詞句去妝飾愛情，賦予愛情一種特有抽象的真實性。那也是我們所認識和追求的愛情，儘管我們可能還沒有品嚐過愛情的滋味，可是我們已經決定，一旦愛情來臨，我們要把愛情當成藝術品或終身職志去實現它。」|153| 西班牙作家奧德嘉賈賽特（José Ortega y Gasset）深知，愛情的偉大名聲只是虛有其表，他認為，正因為我們太過「粉飾和美化」愛情，它就成為人們嚮往的璀璨奧祕。現在我們會說，愛情是盛大的饗宴（Riesen-Hype），是此生不可錯過的大事。

那種感覺是人類至今最無法言喻的發明。黑格爾指出：「我們所愛的對象並不與我們對立，而與我們融為一體。我們只有藉由所愛的對象才能看到自己，然而我們和他卻有所區別，這是我們永遠也無法了解的奇蹟。」|154| 即使黑格爾自己也無法參透愛情的奧祕（雖然他為此大書特書）。愛情真是如此魔幻、奧祕、不可言喻嗎？愛情果真如聖經所說的嗎哪（Manna）一般從天而降嗎？

柏拉圖說：「萬物渴望它所缺少的東西。」|155| 當代法國哲學家羅蘭‧巴特（Roland Barthes）也深切體會到期盼的必要性：「如果我先前沒有盼望，也就不會墜入情網。」|156| 對愛情沒有渴望，也就找不到愛情。問題只在於如何架設天線而已。尋覓者必會被尋見。然而，當人們被愛尋見時，它並不會就此自己長駐。把愛

情比喻為奧祕的狀態，似乎太過廉價，因為如此一來，我們就不必負責任，只能無助地旁觀愛情的潮來潮往。然而，「愛一個人不只是一種感覺，也是一項決定、判斷和承諾，」心理學家弗洛姆（Erich Fromm）回憶說：「如果愛情只是一種感覺，那麼它絕對無法作為承諾的基礎。」|157|然而戀人卻喜歡彼此承諾。

　　為了能夠去愛，戀人事先都得有點行動。伊塔羅・史維渥（Italo Svevo）讓他小說裡的主角季諾（Zeno Cosini）說出心聲：「第一次看到愛達時，我就知道心裡只有一個渴望：要趕快愛上她。」|158|西班牙作家哈維爾・馬利亞斯（Javier Marías）說：「我想是我開始強迫她的（強迫她愛上我），雖然那不很明確也不會始終如一，而且其效果大部分取決於被強迫者偶爾會反過來強迫對方。」|159|我們可以渴望得到愛情，甚至從對方那裡把愛情搶過來。換言之，我們並不是隨意任由愛的力量擺布的。對於不願相信姻緣註定的人們而言，那是很大的慰藉。只當我們想要去愛，我們才會愛。如果沒有意志，愛很快便會煙消雲散。

　　當一個結婚十年的女人仍然說：「我愛我丈夫。」她想說的並不是她十年來都活在無法解釋的奧祕裡。十年來，她洗過無數雙的襪子，端過太多次的牛肉湯到小孩的病床，對一直沒有修復的洗碗機始終耿耿於懷。但她知道，愛情是行動與付出，愛情是由擔心照料、共同生活和無數的溝通對話等等的小磚塊堆砌起來的。她之所

以去愛，不是因為被施了魔法，而日後也可能被仙女解除咒語，她之所以去愛，是因為她自己便是仙女的化身，儘管日常瑣事讓她煩心不斷。

雖然有實證的經驗，為什麼我們還是習慣把愛情看成緣份、奧祕、不可抗拒而神聖的呢？可能的答案是：博愛（caritas）和真愛（agape）作為基督宗教的核心思想，經由浪漫主義灌輸到我們的日常生活裡。

歌德在十八世紀末葉以《少年維特的煩惱》為這種愛情新感受奠定了文學的分水嶺。正如今天足球金童貝克漢（David Beckham）的時尚髮型，當時藍色的燕尾服、黃色的背心，甚至維特的自殺，皆為人們狂熱模仿的對象。

發生了什麼事？中產階級發掘所謂的「真愛」，藉此和貴族階級的虛情假意對立。貴族講究門當戶對，但是風流韻事層出不窮。所謂的真愛則是欣賞對方的優雅氣質和人格價值，他愛的是對方的靈魂。反之，皇室貴族習慣玩他們的《危險關係》| 160 |，講究的是肉體的快感，他們談笑風生，肆無忌憚地捏農家少女的屁股。在道德上，中產階級遠勝於頹廢的貴族階級，並慶幸能夠找到一條超越貴族階級的道路。所謂的自由戀愛婚姻因而誕生。純潔而真實地愛某個人（以及潮紅和呻吟的安可曲）成為啟蒙時期中產階級的絕對標準，在當時，無法符合該項社會新要求的市民，他們的痛苦是我們

無法想像的。

　　愛情（不是性的吸引力，而是由衷欣賞對方美麗的靈魂）成為選擇伴侶的主要動機，也成了最為嚴格的道德教條。愛情突然一分為二，一端是（貴族階級）邪惡的肉欲，另一端是（中產階級的）真愛。[161]

　　這種嶄新的愛情理念成了主要的社會現象，十八世紀的哲學家自然不會忽略它，黑格爾更為當時歇斯底里的愛情理念附加了對上帝的關係。他在《美學》〈愛情作為浪漫主義的理想〉（Die Liebe als das romantische Ideal）裡說：「在愛裡卻不然，精神的另一體並不是自然的軀體，而是具有精神性意識的另一主體，因此，精神是在它自己的領域裡由自己來實現自己。所以愛在這種肯定的滿足和平安幸福的狀態中具有一種理想的美，特別是精神的美，這種美由於是內在的，只能表現於親切的情感。」[162]

　　換言之，愛是一種精神狀態。一個精神與另一個精神的邂逅，是在精神上擁有對方。黑格爾以各種概念去描述精神的擁有，「平安幸福的狀態」、「精神的美」。愛情是「親切的情感」的表達。

　　我們不清楚黑格爾所謂「親切的情感」所指為何，雖然我們隱約覺得很類似少年維特。但是黑格爾卻走出維特而指向上帝。「基督就體現神的愛，」隔了幾行，黑格爾寫道：「這種愛的對象一方面是神本身，神在這裡是按照它的無形的本質來看的，另一方面是

待拯救的人類。所以愛在基督身上並不表現爲由某一主體與另一主體的契合，而是體現帶有普遍性的愛的理念，也就是以情感爲其形式和元素的絕對或眞實精神。」[163]

　　黑格爾比較人類彼此的愛與耶穌基督的愛。在人類彼此的愛裡，主體雖然可以彼此奉獻，但唯有在基督身上，人性與神性才得以結合，換言之，耶穌基督之愛才是「帶有普遍性的愛的理念」，是愛的眞實形式和尺度。

　　此處談的是眞愛。黑格爾以基督爲眞愛的尺度。拋棄浪漫主義的中產階級氣喘吁吁的愛情，只是哲學家的一小步，卻是人類無法跨越的障礙。因爲上帝是絕對的，人類卻是相對的。我們必然無法滿足絕對的標準。實際上，我們也失敗得很徹底，因爲這個從形上學推論出來、附加的愛情觀念，至今並沒有太大的改變。永恆、純潔和美，是人類對愛情的最低期望。

　　如果我們看看赫胥黎（Aldous Huxley）的結論，可能會有所助益：「浪漫主義……慣於裝腔作勢，以舞台上明暗的強烈對比爲基礎，他們的野心在於，讓情感在原初狀態演出。那也說明了，浪漫主義的風格，就其自身的內在本質而言，是喜劇的風格。……我們只需想想那些十八世紀末到十九世紀初駭人聽聞的浪漫派詩作就可以了。」[164]

　　儘管用詞優美，在維特、巴爾札克（Balzac）和黑格爾的字裡

行間，我們或多或少都會發現些喜劇成分？「濫情的風格不足以敘述嚴肅和悲劇性的故事。它們在本質上就是誇大其辭，自始至終是為丑角而創作的。」[165]

然而，儘管我們都知道浪漫主義會如此濫情和誇張，卻始終堅持著浪漫主義的愛情概念。天主教和浪漫主義哲學認為愛情是永恆承諾的純粹心靈幸福，且影響非常深遠，直到心理治療才開始去反省它。

即使神的愛是對於愛情的期望標準，我們仍然無法擺脫世俗的責任以及性的需求。如果真愛意味著形而上的心靈相契，我們不禁要問，那麼性的地位在哪裡？它不可能在真愛裡，因為真愛放逐了性欲，好讓自己不會因為性欲而犯罪。諷刺的是，天主教區分善良的心靈和邪惡的肉體，實際上卻助長了性關係的不忠，因為他們讓性脫離了真愛，也就對性宣告無罪。我們可以擁有真愛卻出軌，兩者並不牴觸。

當然，一般人並不這麼想，而是試圖克服性和愛情的對立，讓他們能在同一個屋簷下相安無事，這也是弗洛伊德所謂健全人格的表現。果真如此，我們必須顛覆浪漫主義既不切實際且無法持久的愛情觀，還給我們下一代務實的愛情期望。

此外，我們還必須認識到，愛情並不是保證伴侶關係天長地久的唯一條件，我們還需要清楚自己的責任。從浪漫主義直到現在，

「基於愛情的婚姻」一直是人們稱頌的理念。然而盧曼（Niklas Luhmann）指出：「人類會面臨以下的困難，他們無法對許多不幸（或是不怎麼幸福）的婚姻提出合理的解釋，因為不幸的婚姻不再是門當戶對所造成的，『浪漫的愛』必須同時能夠對婚姻的幸福和不幸提出合理的解釋。」 | 166 |

那是自由選擇伴侶的負面效應，當我們沉浸在幸福裡，並且因此自作主張地選擇結婚的伴侶，那麼如果日後關係破裂，我們就無法把責任推諉給別人。另一方面，如果我們認為不需為愛情付出（以為愛情是緣分），那麼我們便是輕率地推卸了一個重大的責任，也就是我們自己的幸福。

早期的婚姻講究聲望、地位、事業的繼承，婚姻取決於家族歷史的必要性。現在「每一代的家庭都必須重新去建立……所謂『親戚』的模糊概念，往往被視為潛在的干擾要素，而無助於婚姻，相對的，選擇伴侶時（客觀）的不確定性和風險也隨之增大。」 | 167 |

愛情並沒有讓伴侶的選擇比較單純一些。值得安慰的是，出於愛的行為總是不會錯到哪裡去。奧古斯丁在西元五世紀便說：「去愛你所愛的，做你所想做的。」愛是一切，愛允許一切。如果我們推論這位神學家的看法，那麼，在愛情裡就沒有罪惡，也沒有所謂的「變態」。出於愛的一切行為都是正確的。 | 168 |

愛可能受挫，但愛卻絕對不會錯。

「那鄙俗的情人是邪惡的，他愛肉體更甚於靈魂。」——柏拉圖 [169]

柏拉圖式的愛情

　　如果大部分的愛情是在風趣的午後談天裡產生的，情侶在交談時微笑著拾起對方掉落在肩膀上的頭髮，偶爾溫柔地執起對方的手，離別時雙方互換一個頰吻，不用擔心那個吻會太潮濕或火熱，那麼，我們一般會以「柏拉圖式的愛情」來形容那種關係。這其實是天大的誤解，因為柏拉圖關於理想而真實的愛情的看法是多面性的，絕對不能化約為不帶任何性欲的心靈關係。

　　對柏拉圖而言，「愛情」（Eros）是一個涵攝一切的原理。弗洛伊德就曾經把柏拉圖的「愛情」概念和他自己的「原欲」相提並論，[170] 如此一來，愛情顯然也包括性欲。只是如果突顯性欲而成為決定性的動機，那麼我們就有足夠理由用「鄙俗」和「邪惡」等字眼來稱呼那種情人，因為「他想要的是肉體而不是靈魂，他的愛是善變而短暫的，一如他所愛的對象是善變而短暫的。他所愛慕對象的肉體一旦凋零了，他就遠走高飛，背棄以前的信誓，所有的甜言蜜語都成了謊言。而那些喜歡善良的心靈者，則會永矢弗諼，因為他心繫的是恆存的東西。」[171]

那不代表我們不能愛肉體，而是說我們不該愛肉體甚於靈魂。肉體會凋零衰敗，只是執著於這個物質外在性的愛情是無法持久的。愛對方的靈魂甚於愛對方的肉體，則比較容易穩定持久，因為不同於會凋零的肉體，靈魂可能會隨著時間而變得更加美麗和完美。除此之外，柏拉圖也認為，靈魂是人性中永恆的部分，也因此更深刻而更具價值。

　　一個被老婆懷疑出軌的丈夫企圖以「別亂想，我和她只是柏拉圖式的愛情」為說辭來擺脫外遇的罪名，其實是欲蓋彌彰，不僅於事無補，可能得到反效果，因為他在老婆面前公開承認對他老婆而言最難堪的事實：他承認他愛外遇對象的心靈更甚於其肉體，換言之，他是真心愛她，甚至跟她上床，那已經不只是單純外遇的性質。這段婚姻是真的岌岌可危。因為心靈層面的占上風，加上愜意的性關係，無疑是最理想的愛情。

　　然而，柏拉圖似乎不願意完全相信愛情裡的肉體性質，雖然柏拉圖不認為性是違反自然的，然而，從某個角度看，性畢竟是不得體的、干擾的、應該避免的，也可能是最容易蜚短流長的。在他的主要著作《理想國》裡，赤裸的本能意味著無法節制的、敗德的、無法駕馭的、甚至是墮落的，在真愛中應該遠離它。

　　蘇格拉底：「相形之下，真正的愛是愛美、愛秩序，而且是有

節制而和諧的吧？」

　　格勞孔（Glaukon）：「不錯。」

　　蘇格拉底：「放縱或瘋狂是不可以靠近真正的愛嘍？」

　　格勞孔：「當然不可以。」

　　蘇格拉底：「我們不能靠近這種欲樂，而且真正懂得去愛和被愛的人也和這種欲樂無關吧？」

　　格勞孔：「絕不，我對天發誓，蘇格拉底，真愛絕不能摻雜欲樂。」

　　蘇格拉底：「那麼，看來你得在我們想要建立的城邦裡立法規定，當一個人得到被愛者的青睞時，他可以（因為其美麗）而像兒子一樣親吻他、接近和撫摸他。但除此之外，他與被愛者不能有其他進一步的關係，否則就要沒有教養而且沒有美感。」

　　格勞孔：「誠然。」 |172|

　　在真愛裡，性欲是不得體的、不美好的。柏拉圖的看法主要是針對男人和年輕男子之間的愛。德國哲學家斯勞特狄克（Peter Sloterdijk）說：「一種共鳴的氣氛瀰漫了整個雅典學院，由一群睿智的年輕男性所組成的學院。對他們而言，追尋洞見的渴望就像是寤寐嚮往所愛的佳人，知性有如愛情的陶醉，讓平凡的自我消失無蹤，由更偉大、高尚、無法捉摸的事物取而代之，那是一種熱情，

是內在的神性片刻。」[173]

　　沒有性關係的男同性戀，對柏拉圖而言無疑是愛情最高的理想。無論是自慰、口交或肛交，都會破壞那美好而雋永的談話，爲了傳承所學和經驗，成年男人非常樂意與年輕人談話，然而那不是戀童癖者對街頭男孩的調戲，而是父子般的關係。

　　柏拉圖所創建的世界上第一所大學，顯然並不想讓大學的教育精神和性行爲混爲一談。現在的我們也不願意把兩者混爲一談，倒不是因爲我們特別清心寡欲。而是在教室裡，我們希望爬到更高的層次，我們希望和學生們教學相長，儘管也會激起（教育性）的愛情。在這個特殊的社會情境裡，我們試圖壓抑性的元素。這是現在各級學校和大專院校的慣例，而且不無道理。當觸犯法律時，我們常說那是性的依賴關係、性的剝削或性騷擾，甚至是兒童性暴力。

　　爲了避免性騷擾，「愛情」必須昇華到更高的層次。在理型界裡，愛情應該追求美，與美合而爲一，體驗精神的最高境界。在理型界裡直觀眞、善、美時，研究和創造的渴望、精神的契合和生殖的欲望都應該獲得滿足。在柏拉圖的《饗宴篇》裡，愛情是奠基於友誼、追求哲學知識的本能和動力，愛情是從肉體世界躍升到理型世界的力量。

　　爲了生動而信實地描繪該跳躍，柏拉圖甚至破例讓一名女子發言，那便是來自曼提內亞（Mantinea）年長且睿智的狄奧提瑪

（Diotima）。蘇格拉底與她討論愛情，並且獲益良多。

　　狄奧提瑪：說得更明白一些，蘇格拉底啊，無論在身體或靈魂，每個人都有個胚種。當身心成熟時，我們的天性就會催促我們生育。不過我們的本性不能在醜陋者裡產生，只能在美麗者裡頭。人類的生育是神聖的。就是靠生育和分娩，會死的人類才得以永恆，但它不能在不和諧的事物中實現。對神聖的事物而言，不和諧是醜陋的，只有美麗才是和諧的。所以在生育過程中，美是主宰交媾和分娩的女神，就是因為這個道理，凡具備生育能力的人，一旦遇上他心儀的美麗對象，馬上就感到歡欣鼓舞，精神煥發，希望與她共同生育。但要是遇到醜陋的愛人，就索然無味，轉身逃避，遲遲不肯行房事，但仍要承受生育的痛苦。這也就是為什麼生育和分娩都趨向美感。所以你看，蘇格拉底，愛欲並不像你說的那樣只是對美的企盼。

　　蘇格拉底：那麼，愛到底企盼什麼呢？

　　狄奧提瑪：在美的影響下企盼生育和繁殖。

　　蘇格拉底：這有可能。

　　狄奧提瑪：我說的當然對。……因為只有透過生育，凡人的生命才能延續和不朽。然而追求不朽必須與追求至善齊頭並進，如同我們可以從我們的討論中得知，至善必定是屬於愛欲的。從這句

話，我們可以得到結論，愛必然是對不朽的企盼。[174]

「愛情」企盼不朽。愛情必須繁衍。愛情只有在遇到「美麗、高貴和正派的靈魂」才會做這樣的事。與這樣的對象「討論什麼是人類的幸福」，「有德之人該如何生活」是很容易的，這個過程「也就是對他的戀人進行教育。這樣一來透過與美好事物的接觸與交往，他所繁衍出來的東西也必定是他長久以來孕育的事物，時時刻刻他都想追求美好的事物，並與他人同心協力共同撫養他們友誼的結晶。這樣一來，他們的關係會更加牢固，他們的交往更加完整，勝過夫妻的情分，這是因為他們創造出來的東西比肉體的子女更加美麗，更加長壽，更加永恆。」[175]

但是「愛情」也企盼完整性。在《饗宴篇》裡，柏拉圖甚至讓詩人亞里斯多芬（Aristophanes）說一則神話，關於曾經為球形且有三種性別[176]的人類的原罪神話。由於高傲輕忽神旨，人類受到宙斯的處罰一分為二。我們都只是其中一半，渴望能夠獲得失去的完整性，只有透過人與人的交媾結合，我們才能滿足對完整性的企盼。

除此之外，「愛是愛人而不是被愛」。因為愛始終是對某人某物的愛，愛是一種渴求，對於欠缺的東西的渴求。換言之，愛像所有的渴求一樣，來自於一種匱乏。這個匱乏是可以滿足的，藉由什麼

呢？藉由對美與善的追求，透過「在美之中的生育與分娩」，以分受永恆者，分受科學與文藝的不朽，分受法治體制的不朽，凡此皆為「靈魂繁衍的成果」，愛情的果實，性愛的源頭。

「我們都知道，在各種技藝和手工中，藝術家和工匠只要在愛神的指引下，工作就能得到光輝的成就，而不受愛神影響的藝術家和工匠，終其一生一事無成，沒沒無聞。這些我們難道看不到嗎？企盼和欲望引導阿波羅發明了射箭、醫藥和占卜的技藝，所以阿波羅也可算是愛神的學徒。同樣是在愛神的領導下，繆斯發明了詩歌藝術，黑腓斯塔斯發明冶金術，雅典娜發明紡織術，而宙斯本人發明的對諸神和凡人的統治術，也是在愛神的指引下發明的。因此，諸神的行為取決於愛神的干預，也就是說，美麗的愛神一出現就不會再有醜陋，愛神的出現總是對於美麗的愛，愛神與醜陋的事物無關。」[177]

柏拉圖的愛情觀由兩種不同的行為所組成，愛作為渴求，要蛻變為哲學性的「昇華」，愛作為友誼，則為「紆尊降貴的關切」。兩者在愛情裡和諧地合而為一。

「**愛是無我的，甚至不曾要求愛的回報。**」——**米蘭・昆德拉**[178]

愛情是利他的

　　在這個以生存競爭為主導的世界裡，愛是令人流連忘返的場所。阿多諾說：「只有當你被愛的時候，可以表現你的脆弱，不需要故作堅強。」[179]米蘭・昆德拉則補充說：「愛意味了放棄自己的堅強。」[180]我們不會對所愛的人施加暴力，即使我們是如此脆弱無助，也不必擔心暴力。愛是一個可以讓我們表現脆弱的地方。在愛裡頭，我們不必感到羞恥或害怕。

　　愛蘊涵了為了所愛的人而無私且自我奉獻。母愛是最偉大的愛，但在性愛裡，我們也能找到愛，希望對方能夠幸福快樂，那在體貼的伴侶關係裡是最明白不過的事了。根據柏拉圖的看法，愛是愛人不是被愛，愛是給予而不是要求。愛不需要任何道德規範，愛的本身是利他主義。

　　問題是該怎麼做？能自我奉獻到什麼地步？我們是否能要求對方犧牲自我？可以期待最起碼的愛的承諾，也許是在上帝面前或戶政廳的宣誓？正如沙特（Jean-Paul Sartre）所言，這種宣誓為人帶來煩惱：「誰會滿足於那種單純海誓山盟的忠貞愛情呢？……於是談戀愛的人要求發誓卻又被誓言所激怒。」[181]對於勉強的愛情證明，我們不屑一顧，卻又不斷地要求。從開玩笑地問：「你究竟有

多愛我？」（如果回答太慢或答案令人不滿意時會假裝生氣），到對方忘了在認識周年日送花時的抱怨：「你不再愛我了！」（更氣的是第二天的補送，因為一切都很勉強。）

我們所想要的一如沙特的描寫：「希望對方的自由下決心去變成愛情，不只是在戀愛歷險的開始，而是時時刻刻，另一方面也希望對方的自由被自身綁住，不論是在狂熱的時候，還是夢幻的時候，都會返回自身，心甘情願地作繭自縛。……這使得我們完全了解到戀愛中人要求對方的是什麼：他並無意干涉對方的自由，卻想先天地存在為對方自由的客觀限制。」[182]

戀人總期待自己不必要求。他要一切都是自願贈與的。那是把利他主義投射到對方身上。在此戀人感到無私的愛，卻也希冀對方能無怨無悔地做到這點。

譬如說，在討論是否同居的問題時，總希望對方能無條件地贊成（順便幫自己排除疑慮）。即使青菜煮爛了，牛肉燉老了，也希望對方覺得菜煮得很好吃。大雨滂沱的夜裡必須到城市的另一端，也希望對方義無反顧地開車接送。此時的定言命令為：「別那麼自私，不然我會以為你不再愛我了。」始終縈繞在戀人腦海裡的念頭是：「對方應給予我那些我所需要的東西。」（羅蘭・巴特）[183]

而對方需要什麼？我會給多少？我的愛有多深？「愛是無我的，甚至不曾要求愛的回報。從來不問：他愛我嗎？他是不是愛我

比愛別人更多?他愛我甚於我愛他嗎?」[184]我們是否能夠像米蘭·昆德拉所說的那樣去愛一個人?不要求愛的回報,甚至也不苛求性的忠貞?

匈牙利作家桑多·馬芮(Sándor Márai)問說:「什麼是忠貞?我們對自己所鍾愛的女人有什麼期待?⋯⋯難道忠貞的概念不是可怕的自我中心主義?難道它不是跟人類大多數的渴望一樣虛偽嗎?當我們要求忠貞,我們是否希望對方擁有快樂?如果對方無法在忠貞的微妙牢獄裡得到快樂,我們卻一味地要求他忠貞,那麼我們還愛他嗎?要是我們沒有以讓對方快樂的方式去愛對方,我們是否有權期待對方忠貞或是作出其他的犧牲?」[185]

此即極致的利他主義,它同時指出自我犧牲的困難。誠然如弗洛姆所謂:「在付出中,我才能體會我的堅強、我的富裕和我的力量。體驗到生命力的昇華,使我充滿歡樂。」[186]黑格爾摒除了所有自我中心主義,而把真愛定義為:「它不是偽裝了的自戀的原則,且以自己為最終目的。」[187]這聽起來很高尚,卻不禁讓人對自己和對他人的愛心生懷疑,因為(性)愛本身總會有欲望,並以自我為最終目的。愛情是以物易物的交易,以愛情去換取內在的快樂。性愛知道什麼是無私的愛,卻無法與之偕行。弗洛姆稱愛情裡的以物易物為「重商主義」,然而,他為這種剝削的行為感到氣憤,氣憤那些把付出誤認是放棄和失去的人,其中不正也透露了一絲人

性：永遠「只有給沒有得，……是一種欺騙。」 [188]

「以星月作證，對父親的亡靈發誓。」——齊克果[189]

愛在尋找它的義務

我們在上一節裡看到，我們認為愛情是無私的嫻熟技藝，因此對海誓山盟多半持保留的態度。我們不希望看到對方是因為誓言的約束而想和我們結婚，我們希望對方是單純因為愛而想在一起。然而，我們愛聽誓言，我們需要它，愛情本身也吵著要山盟海誓。

丹麥哲學家齊克果說：「愛情很自然地要尋求證明，那使得愛情成為一種責任，一種面對更高者時的責任。情人們以星月作證，對父親的亡靈發誓，以名譽擔保，宣誓互相忠貞不渝。」 [190] 尼采大概會想要公開宣布這種誓言是無效的， [191] 但我們卻不斷聽到各式各樣的誓言。

由於我們往往無法找到解釋愛情的理由，於是對愛情大肆渲染。我們想要找出愛情的因果關係，但是愛情卻無法如此去解釋，因此，愛情必須不斷自圓其說，為自己解釋。對羅蘭‧巴特而言，告白「是戀人的一種傾向，戀人往往有這樣的癖好，一面抑制住內心的騷動不安，一面和情侶大談其愛，談自己，談他倆。」 [192]

　　大人往往必須向小孩從頭解釋對成人而言非常明白的事。這是藍色，天空是藍的，水是藍的。這是愛。「我愛你」就像教小孩什麼是藍色一樣，戀人們總愛向對方說些非常明白的事。但是，由於愛情不是藍色，我們也無法從顏色或任何可見的方式去證明愛情的存在，於是我們開始發誓。只要能夠讓對方相信他是被愛的，我們願意發所有的誓，我們甚至發誓性愛絕對忠實。 | 193 | 啊，我們的愛情天長地久，直到月球……不，更好的是，直到最遠的行星冥王星，不，到距離地球四光年的恆星半人馬座阿爾法星，此情不渝，直到天荒地老。

　　齊克果說：「你反駁，是啊，山盟海誓。山盟海誓又代表什麼，這些誓言都毫無意義，它們只不過是戀人的情緒反應，不然，他們怎麼會想到在月光下發誓。那麼，我的回答是，你扭曲了初戀的本質。初戀之所以美，正是因為它藉由愛情的力量讓萬物都變得真實。對天發誓的毫無意義，只有在事後反省時才會明白，那些對著月亮的誓言內容都是空洞的，然而在信誓旦旦時，誓言具有效力。」 | 194 |

　　對戀人而言，在月光下誓言海枯石爛，此情不渝，的確具有實際的證明力。戀人不會只滿足於愛的感受，他要解釋他的愛，他要發誓，最好的示愛方法就是發誓，在市政廳或教堂裡具體地宣誓。對於解釋愛情的渴望讓我們終於了解到，為什麼年輕人總是憧憬和

嚮往婚姻。| 195 | 即使是「反省的時刻」，也只用來佐證當初的「我愛你」。也因此「娶妳（嫁你）」成爲愛情所渴望的最大義務。

「『爲什麼』越少，愛就越多。」──齊克果 | 196 |

愛是無條件的

　　「我想強調的，是那種盡可能不問『爲什麼』的婚姻的美麗。當人們看到婚姻的眞諦時就會發現，『爲什麼』越少，愛就越多。當然輕率的人事後會明白，『爲什麼』的問題是無足輕重的，而認眞的人會很高興地了解到，『爲什麼』的問題其實很重要。的確，『爲什麼』的問題越少越好。」| 197 |

　　無疑的，眞愛從不問爲什麼。它不問現金存款和不動產，也不問對方的社會地位、心理特質或是否有曼妙的身材。眞愛不像精明的商人那樣精打細算。如黑格爾所言，眞愛「不算計，因爲眞愛深知它在過程裡得到的喜悅，比感官的快樂或激情的滿足更爲純粹和持久。那不是以自我爲最終目標的自戀的原則。」| 198 | 如使徒保羅在《哥林多前書》所說的：「愛是凡事包容，凡事相信，凡事盼望，凡事忍耐。」| 199 | 愛是無條件的。

　　然而齊克果深知，愛唯一的要求就是認眞。認眞的人在事後會

慶幸他了解當初的婚姻是個大哉問。相反的，輕率的人回顧自己的
婚姻時，會悔恨當初怎麼沒有問自己和愛人一些重要的問題，如
「為什麼你總是遲到？為什麼你喝那麼多酒？為什麼你經常和狐群狗
黨混在一起？為什麼你老是待在家裡？」婚前沒有認真思考過這些
問題的人，也就是那些對婚姻輕率的人，會對婚姻感到失望，婚姻
成了拖累和負擔。事前沒有提出這些問題，沒有多想，只是天真無
知地談戀愛。「我是怎麼會愛上她的？」這個「怎麼會」的答案和
理由，在他看來是無關緊要的，甚至是愚蠢可笑的。如同檸檬水杯
中的巨大冰塊，他終將會被愛情溶化。

　　姑且不論愛情是否可能消失。愛情究竟是怎麼開始的？愛情的
開端是什麼？愛情的開始是：覺得被對方吸引而無法自拔。那是什
麼感覺呢？在無法抗拒對方吸引力的同時，卻也感覺到自身的自
由。怎麼感覺到的呢？如齊克果所言，「不是藉由反省」，而是「直
接」感受到自由。[200] 換言之，在愛情裡，我們是自由的，完完全
全地自由。但是我們仍然不知道那自由來自何方。他的自由無遠弗
屆，既是絕對的，卻也讓人手足無措。然而，愛情既然是在對方的
牽絆當中直接感覺到自由，本身不就是無法理解、難以捉摸的嗎？
愛情不就必然有欺騙的潛能嗎？愛情不就成了輕率的遊戲？是一切
欺騙的源頭？

　　好吧，每個人都可能被騙，每個人都有輕率的時候。但是如果

在回首從前時並不覺得受騙呢？如果在多年以後仍然很高興地相信那就是當初所追尋的真愛呢？如果相處多年以後看到以下的句子，會是什麼感受呢？

「做丈夫的我，在結婚八年後，把頭倚在妻子肩上，此時的我並不是一個欣賞或懷念世俗之美的評論家，此時的我也不再是個歌頌她酥胸的狂熱少年，然而，我仍然深受感動，就像第一次一樣。因為我知道，那是我一直知道的，也是我始終堅信的，我妻子的胸中有一顆心在跳動，是那麼安靜，那麼卑微，以一定的節奏跳動著。我知道那顆心只為我跳動，為我的快樂和平安，為我倆共有的一切在跳動。我也知道，那顆心安靜微弱的跳動不會停止，啊，這就是我的呼吸能夠持續呼吸的原因，啊，這就是讓我散成無數碎片的道理，我知道，任何時候，任何狀況，我都可以在她那裡得到安慰，她的心不會停止為我跳動。」│201│

結婚八年後還能說出這樣的話，那麼當初沒有問的「為什麼」，不就是一個事關重大的「為什麼」嗎？這種愛情豈不是非常認真嗎？如果情感破裂了，又會是怎樣的情景？是否錯過了什麼本質的東西？逃避了重要的東西？當然，在愛情排山倒海來到的第一次，我們還不清楚自己到底期待什麼。我們雖然滿心盼望，卻沒有

憑藉，沒有任何理由。那麼愛情究竟從哪裡來的？它像隻美麗的蝴蝶在夏日傍晚悄悄飛上肩頭？像隻小螞蟻偷偷鑽到心裡？愛情不正像雅斯培（Karl Jaspers）所說的「突然襲來的莫名感受」。雅斯培接著說，即使是如此，我們也無法像證明經驗實體那樣去證明愛情。「愛情不是學術研究的對象，沒有人能夠知道愛情是否存在。」 | 202 |

　　愛情不是學術研究的對象，愛情就是那麼一回事，直截了當。「靈魂不是有愛情，就是沒有愛情。我們無法追溯到背後其他外在或內在的動機，愛情的動機必須是自發性的。這也是為什麼用法律去規範愛情是毫無意義的事。」德國哲學家齊美爾（Georg Simmel）說：「我甚至不確定愛情的宣告是否與對象有關，或者是因為我們需要被愛，或者只是青少年對可能傾慕事物的模糊渴望，我也不清楚愛情是否一直在自己心裡律動。」 | 203 |

　　如果愛情只是一種感受，那麼它或許真的只是一個虛無，有可能是人們想要虛構出來的東西。一種討人歡心的態度，這個態度會表現在對象的選擇上面。我們可能為了享受愛情的許諾而「不得不」愛上某人，也可能是因為沒有愛的性行為被認為是不道德的，我們就必須愛上某人。沒有愛情的性關係會被別人認為很病態，我們必須有愛情。愛情越多越好，不只是性關係而已，一切都會更美好的。

人們總說愛情是美好的，於是我們墜入情網。然而，當我們被對方吸引而無法自拔時，不也意味自主權的喪失，不就像培根所說的，「在偶像前卑躬屈膝，成為它的奴隸。」|204| 有沒有可能，愛情只是一種廉價的娛樂？「我不知道是什麼緣故，許多軍人更容易墜入情網，我想這就像他們嗜好杯中物一樣，因為危險的生命更需要歡樂來補償。」|205|

或許這些都是老生常談了。我們想要某些歡樂，想要放鬆一下，想要轉移心思。因此，我們開始談戀愛，顯得很有興趣，承認自己準備好了，於是愛情就突然來敲門。發生了什麼事？這個「質的跳躍」意味了什麼？我們感受到不可思議的自由。難道這就是愛情了嗎？

「愛神是非常內行的詩人，它讓所有人都變成詩人。」──柏拉圖
|206|

一見鍾情

柏拉圖說：「每個被愛神觸摸到的人，即使以前不知繆斯為何物，都會變成詩人。」這也證明了「愛神是偉大的創作家」。|207| 什麼是詩？詩是把複雜的情況濃縮成詩意的瞬間，濃縮成一個觸動且

改變靈魂的瞬間，濃縮成一個能夠透過語言甚或深刻的眼神表達的瞬間。

人們說，愛情有許多奧祕。它的源頭不在這個世界裡。它是我們永遠無法理解的奇蹟。黑格爾說：「我們所愛的對象並不與我們對立，而與我們融為一體。我們只有藉由所愛的對象才能看到自己，然而我們和他卻有所區別。」|208|

黑格爾在別的地方也說：「所謂的愛，一般來說，就是意識到我和別一個人的統一，使我不專為自己而孤立起來，相反的，我只有拋棄我獨立的存在，才能獲得我的自我意識。……愛的第一個環節就是，我不欲成為一個獨立而孤單的人，我如果是這樣的人，就會覺得自己殘缺不全。至於第二個環節是，我在別一個人身上找到了自己，即獲得他人對我的承認，而別一個人反過來為我亦同。因此，愛情是一種最不可思議的矛盾，決非理智所能解決的，因為沒有一種東西能比這一嚴格的自我意識更為頑強了，它既被否定，卻仍應為我視作肯定的東西而具有。」|209|

人們彼此相愛，有時候一見鍾情。他們經常不知道他們的愛情是怎麼發生的。奇蹟發生了？奧德嘉賈賽特排除了這個可能性。「墜入情網起初只是很反常地注意對方，如果對方知道如何利用該優勢，知道如何聰明地建立關係，其他事就像機器一樣會自動發生。」|210| 真是一針見血。注意或忽視的差別並不大。往往一個勾起回憶

的小刺激就足以讓我們愛上某物和某人，往往一件稀鬆平常的小事就足以拉近我們觀察人事的距離。眼睛上鉤了。那和愛情無關，而是感官經驗的現象。接下來的注視則決定是否值得繼續觀察。

羅蘭・巴特說：「在動物世界裡，引發性欲機能的並不是什麼特別的個體，而是一個形式，一種生動的物戀對象。」|211|在動物界裡沒有什麼崇高的理念，沒有所謂的奇蹟，只有自然界的刺激引發的一連串反應過程。不管我們如何加以美化，人類世界也不會好到哪裡去。

「對方瞬間觸動我的，是那聲音、那肩膀的線條、身材的曲線、手掌的溫度、微笑的舒展。……對方身上總有什麼正好符合我的願望（究竟是什麼，我也說不清楚），」某個東西引誘我、勾引我、擾亂我的感官知覺、挑動我的渴望，「對方的形像又好像一個飄忽不定的幽靈，掀開我的傷痕，我戀愛時便有些俗氣（完全是由對方引起的）。一些細膩而靈活的動作彼此滑過對方的身體，以不經意（但是很挑逗）的方式，舒展手指頭和雙腿，豐滿的嘴唇在吃飯時的翕閤。」|212|

我們通常用眼睛來接受種種感官刺激。然而，眼睛不只是單純的接收器，眼睛的另一特色是點燃愛情的火花。在《鄰家女》裡，法國導演楚浮描寫該片女主角芬妮・亞當（Fanny Ardant）說：「她眼裡自始就帶有病態的神色。」這個眼神足以讓以前的戀情死灰

復燃，一個回眸就搞定一切。

弗洛伊德的老師，維也納心理學家克拉夫特埃賓（Richard von Krafft-Ebing）說：「病態眼神的效果比戀物癖更強烈。」[213] 眼神成了崇拜的對象，我們從它的「病態」中解讀到某種救贖，在觸電的感覺裡找到了真愛。我們馬上了解到我們屬於誰，我們在期待誰。它在社交場合裡可能帶來負面的效果，但就性關係來看則屢試不爽，「病態」的眼神無往不利。

羅蘭·巴特說：「我們首先愛上的是一個場景，若要一見鍾情，要有突如其來的符號跡象（使我不知所措，任由命運擺布，恍恍惚惚，失魂落魄）。在各種的對象當中，那種場景似乎最宜於『初次』照面：布幕升起，不曾謀面的人整個亮了相，然後便被眼睛吞入，觸目所及的便是一切，我再也無法平靜，那個場景完全聖化了我要愛的對象。」[214]

我們沉溺於視覺感官的愉悅。眼前揭示了前所未見的景象，我們為它神魂顛倒，為他的眼神、表情，以及它所傳達的訊息和承諾；如果那個眼神是「病態」的，那我們註定下地獄，萬劫不復。

這種吸引力是怎麼形成的呢？是化學變化？是生理反應？還是形上學的歷程？叔本華主張後者，把「墜入情網」解釋為以繁殖和維繫物種為目標的「世界意志」的作用。叔本華認為，「個體並不知道他們是受上級（物種）命令而行事」。那是物種的精神的決定，

沒有絲毫個人自由可言。那也是爲什麼兩性一見鍾情。我們的精神，作爲維繫物種的肖像，作爲宇宙秩序的見證，恢恢然融入自然的架構裡，在短短的幾秒裡便算計出誰是傳宗接代（最好是當下）的最佳人選。

　　除了叔本華之外，維也納哲學家奧圖・懷寧格（Otto Weininger）也得到同樣的結論，義大利作家埃沃拉解釋如下：「如果我們以絕對的男人和絕對的女人作爲標準，一般說來，女體中或多或少都帶有男性的元素，男體中或多或少都帶有女性的元素。」 |215| 在埃沃拉看來，「如果，男女兩性的所有差別加總起來可以構成完全的女人和男人，那麼，男女的互相吸引便達到最高潮。」一個四分之三是男性（陽），四分之一是女性（陰）的男人，他將在四分之一是男性（陽）和四分之三是女性（陰）的女體上找到他天生的性愛的慰藉，兩者的交媾再度成就了絕對男人和絕對女人的統合。根據埃沃拉的看法，是兩性最初的兩極性點燃了愛情的火花。我們甚至可以說，是絕對男人和絕對女人互相追求和結合。

　　據此，愛神自然是稱職的詩人，無論他把詩意的瞬間濃縮成一個手勢，或是一個眼神，或是作爲物種的精神而讓兩性交媾，那並無差別。柏拉圖說對了，無論如何，愛情總是偉大的創作家。

第四章

冒險的恐懼

　　「恐懼」（Angst）是人性使然。那是一種隱約的威脅感。恐懼沒有理由，也沒有特定對象，恐懼本身模糊不清而無法捉摸。相對的，「害怕」（Furcht）則有一定的對象，比如我們怕黑，害怕沒帶口罩的惡犬。在日常用語中，這樣的區分並沒有太大的意義。無論是害怕特定對象，或是沒由來的恐懼，都會讓我們手足無措。

　　「我害怕小偷強盜、害怕經濟變動、害怕革命、害怕生病、害怕死亡，但我卻對愛情、自由、成長、改變和未知事物感到恐懼，換言之，我一直生活在擔憂裡，」 | 216 | 弗洛姆如此解釋文明人衣食無缺的生活，我們也不難看到，執著於自我恐懼（或害怕）無疑是一種慮病症。對於精神自己無限的可能性，我們也會感到恐懼。當我們察覺到，克服恐懼後便能肆無忌憚，著實也讓人感到不安。

　　野獸不知恐懼的處境。有些人（尤其是血氣方剛的勇夫）也不容易感到恐懼。齊克果說：「靈性越少，恐懼也越少。」 | 217 | 恐懼的感受來自於察覺到潛在的危機。想像力可以幻想在夢幻城堡中有隻噴火恐龍。然而，無法察覺或無法想像它的人自然不會感到恐懼不安。

　　對齊克果來說，恐懼是一種「跳躍」的先決條件，或是「跳躍到」絕望裡（也就是向恐懼投降，完全放棄自己或行動的可能性），或是「跳躍到」信仰裡（永遠克服了恐懼）。弗洛姆說：「人類尊重法律，不只是因為他們害怕處罰，而是如果不服從法律，在他

們的心中便會有罪惡感。只有藉由權威所保障的諒解，才能解除他
們這種罪惡感。」「犯罪（不服從）、罪惡感的產生、再次服從（藉
由服刑），直到獲得諒解，整個歷程是一種惡性循環，因為每一次的
犯罪行動都有助於服從的強化。」| 218 |

　　不需要當場人贓俱獲，光是犯罪的事實，就足夠讓我們心感愧
疚。事後罪惡感的心理作用和事前必須克服的不安其實不相上下。
因此，犯了罪的基督徒仍然可以是忠實的基督徒。我們只需要接受
「罪」、告解和赦罪的循環。同樣的，我們可以把性的忠實視為愛情
的理想，雖不能至，卻不必為此就拋棄理想，只要我們以精神疾病
或痛苦的懷疑懲罰自己就夠了。我們成了自己的系統裡的囚犯。

　　但是我們該何去何從？該如何跳躍？該鼓起勇氣或懦弱地放
棄？該忠實或是不忠？罪惡感會有多深，代價有多大？恐懼並不可
恥，投降經常是頭腦清楚的表現。暴虎憑河者很快就會被演化淘
汰，懦弱者往往是戰場裡的倖存者，因為「在涉及到名譽的時候，
總是在那具體而微不足道的理由以外有更多的動機。」（斯勞特狄克）
| 219 | 我們總是有什麼東西要證明。然而證明了以後呢，不是覺得很
偉大，就是灰飛煙滅。

　　出軌的瞬間，刻意把電話號碼塞給對方的剎那，內心是充滿恐
懼的。我們踩著鋼索，直到作出決定。做還是不做，沒有第三種選
擇。那是自然和文化、本能和理性的抗爭。出軌完全是本性，忠實

則是高度的文明。人類可以因為恐懼而保持忠實，（但誰會想要一個因為恐懼而忠實的人作伴侶？）但人類也可能因為恐懼而無法忠實，如果人們是恐懼愛情、婚姻和責任的話。不斷地更換伴侶和層出不窮的風流韻事，可能是非常痛苦的流亡，而不是什麼快樂的事，可能是自暴自棄的表現，而不是在享受。

外遇的開始總是伴隨著恐懼，然而，對聲名狼藉的出軌者而言，沒有外遇會更讓他恐懼不安，正如保加利亞的文化評論者克莉斯蒂娃（Julia Kristeva）一針見血地指出：「誘惑也是一種昇華。」[220]

恐懼始終如影隨形，克服恐懼有如一場冒險。就像在十字路口徘徊，或是面對一堵可能讓我們喪膽或是被我們突破的牆。歌德攀登高塔而克服了懼高症，那我們呢？我們該退縮嗎？我們該被嚇倒嗎？克服困難不僅讓我們更加機敏，更喜歡旅行，甚或更鹵莽。克服恐懼以後，我們或是更有活力，或是命喪黃泉，正如唐璜那絕不服輸的人格典型，不願屈服於愛情或上帝。但是，只要能夠忠實，一點點挫敗又算什麼呢。那麼忠於誰？忠於自己嗎？

「**住在城市的人們，總喜歡到鄉間去尋找休閒、度假和安寧。**」——
布魯諾 [221]

出軌是旅行的欲望

　　所有的性愛，無論再怎麼刺激，都會有索然無味的一天，柏拉
圖在他的愛情哲學裡就已經明白這點。要摸透一個人的所有面向，
只是時間長短的問題。看穿了以後，我們開始想要變化花樣，追求
其他新鮮的事物。正如布魯諾所說的：「住在無聊鄉間的人們，總
喜歡到城裡找一些歡樂和消遣，住在城市的人們，總喜歡到鄉間去
尋找休閒、度假和安寧。工作時總是坐著不動的人喜歡散步，工作
時總是站著或跑來跑去的人會覺得坐下來是一大享受。」[222]

　　蒙田也說：「住在安科納省的人喜歡到聖人雅各布那裡去許
願，住在加利西亞地區的人則喜歡到羅雷特的聖母丘去許願。列日
的人稱頌盧卡地區的溫泉浴池，托斯卡納區的人們則對斯帕的溫泉
讚譽有加。在羅馬的劍術學院裡幾乎看不到羅馬人，卻全是法國人
在那裡。偉大的加圖和我們一樣，在妻子屬於他的時候對她不屑一
顧，在她屬於別人的時候卻對她朝思暮想。」[223]

　　旅行喚醒所有感官，遠足和漫步讓人心曠神怡，徜徉於大海之
中讓人精神煥發，攀岩是一種挑戰，參觀畫廊、美術館或其他公共
設施則啟發我們的思考。這不是說在固定地點專注工作的我們無法

得到相同的樂趣，只是我們需要變化，需要新的環境。對經驗的累積、一般的學習與進步而言，變化是絕對必要的。我們可以藉此陶塑人格特質，增加社會歷練。行遍天下，我們才能豐富經驗。

我們必須有好奇心，認識更多的人，才能對愛情有一點感受和認識。只愛過一次，是無法知道愛情是怎麼回事，也無法體會愛情的「遊戲規則」，更不知道該如何把握愛情，愛情也不會年復一年撥動我們的心弦。愛情來臨時不知把握，我們會變得貧乏，錯過了一個豐富的思想世界，我們將錯失一切。「幽會的困難，驚奇的風險，第二天的羞愧、渴望，沉默，內心的怨慕，這一切都是給湯頭加味的調味料。」（蒙田）| 224 |

巴斯卡說：「激情雖然始終如一，但人類需要變化，精神喜歡變化，知道如何變化的人，也知道怎麼去喚醒對方的愛。」| 225 | 然而，難道我們不希望安定下來嗎？即使是喜好旅行的遊子，最終（或是在長久的未來）也需要一個家。難道他不想回家，一個總是高興地歡迎他的家？如果在情感裡找到歸宿，那麼我們是不是該把旅遊的欲望束諸高閣，像歌德一樣捫心自問：

　　你想永遠漂泊下去嗎？
　　瞧，美好的事物就在不遠的前方。
　　學著去抓住你的幸福吧，

　　因為幸福就在你眼前。│226│

　　是的，幸福就在眼前，我們只需抓住它。然而，眼前的幸福也該知道，它無法讓人忘卻外面的世界，它無法孤立存在。外在世界以赤裸裸的刺激滲透到我們的幸福裡，或者是我們因為恐懼失去外在世界而忍不住回首。眼前的幸福是真正的幸福嗎？這樣就夠了嗎？其他形式的幸福不是更有希望嗎？幸福（和愛情）不該是無限的嗎？

　　一旦有了這些疑問，愛情自然無法穩定下來。如果我們每天都想證明眼前的幸福或懷疑它的存在，那麼我們遲早會失去它。不顧一切而永無休止地追問，除了不斷等待新機會的到來，除了時時準備要偷情以外，就別無選擇。此時，赤裸的本能來得正是時候，因為它是所有問題的根源所在：「愛情關係中的主要難題在於，原本對『異性』感興趣的本能，最後『只能』宣洩到一個對象身上，或多或少算是如願以償。」安德斯也說：「因此，我們認為完全的『情有獨鍾』是一種病態的表現。」│227│

　　一旦無法宣洩，問題就來了，尤其是當我們聽到胸中有兩顆心在跳動時：我該怎麼告訴我的情人？我該如何向丈夫招供？「誰會容許情敵的存在？」教皇英諾森三世說的對：「光是嫉妒就夠頑固了。聖經說：『二人成為一體』（《創世記》2:24）。男人的嫉妒無法

容忍兩人成為一體。」[228] 不，女人的嫉妒也會抗議丈夫的外遇。
「二人成為一體」？不，那太多了，必須有一塊肉要割開，問題是哪
一塊？

對於這個問題，總喜歡把人與動物相比的叔本華早有了解答，
至少是給男人的解答。他認為，對男人而言，出軌是天經地義的，
因為他的所作所為只是天性使然：

「首先，就其本性而言，男人喜歡多變的愛情，而女人則傾向於
穩定。男人從性欲滿足的那一刻起，激情就明顯下降，幾乎每一個
女人都會比他已經擁有的女人更有吸引力，因為他渴望變換口味和
花樣。相較之下，女人的愛情卻從那一刻起與日俱增。這是大自然
的目的使然，它的目的就是盡可能地繁殖物種。也就是說，一個男
人可以在一年裡生一百多個孩子，只要他有足夠的女人，但一個女
人無論跟多少男人在一起，一年也只能生一個孩子（除了雙胞胎以
外）。因此，男人總是四處尋找更多的女人，而女人則相反，她會緊
緊依附在自己的男人身邊。那是因為大自然驅使她要留住將來小孩
的養育者和保護者，是本能的作用，而不是反思的結果。由此看
來，婚姻的忠實對於男人來說是人為的，但是對於女人則是自然
的。因此，女人的出軌比男人的行為更難以原諒，無論是客觀的結
果或是主觀的違反自然。」[229]

126

女人緊抓著不放。叔本華認為是天性使然，因為女人本能地要保有「未來的子孫」的養育者。這個論點現在是否仍然適用於西方女人身上呢？大概很少吧。

就算只是旅行的欲望，問題到底出在哪裡？關鍵在於如何能讓一段情感或激情持續下去而不至於出軌。怎麼可能呢？巴斯卡說：「能夠讓激情持續不斷的祕密在於讓心靈沒有空虛的時刻，強迫心靈不斷接受激情的愉快表現。」[230] 問題是我們該如何強迫我們的心靈？更重要的是，我們如何抵擋那些同樣來自心靈的各種誘惑呢？

「剎那即一切。」——齊克果[231]

豔遇不喜歡有責任

旅行的欲望是克服恐懼的溫和方式，豔遇則是「硬核的」（hardcore）。旅行是為了再度回家，獵豔者卻不知家的概念，他喜好漂泊變化，絕對不願負責任。季諾（Zeno Cosini）承認女人讓他困擾：「一個女人無法滿足我，就算再多也不夠，我全部都要！即使只是走在街頭，我都興奮得無以名狀，只要有女人經過我身邊，我就想擁有她們。」[232]

季諾全部都要。唐璜有1003次紀錄，卡薩諾瓦有132次。馬克

斯‧弗里施（Max Frisch）如此描寫唐璜：「他風流韻事的次數反倒不怎麼驚世駭俗，因爲那個數字本身非常可笑，因爲在不該算數的地方，卻數得出來。把數字翻譯成文字，那就是說：唐璜心裡沒有任何『妳』。」[233] 永遠的獵艷者始終是沒有愛的，是的，「他謀殺了愛情，而不是像多數人們認爲的，比其他人更懂得享受愛情。」（斯湯達爾）[234] 他不是爲愛而愛，而是爲了「享受騙人的樂趣，卻不讓自己受騙，那是怎樣的一種情欲啊，只有情場高手才能玩味其中的奧祕。」（齊克果）[235]

「當他離開一個女人時，絕對不是因此他不再渴求她，」卡繆說：「美麗的女人總是讓人有欲望的，問題是他渴望另一個女人，是的，另一個女人。」[236] 獵艷者總是不安於室，「他正和未婚妻眺望窗外，……此時一個年輕女孩轉身走到街角，他突然覺得她是他眞正傾慕的女孩。然而，就在他尋覓女孩的蹤跡時，他突然又分心了，如此反覆不斷。」[237] 然而，他的「不忠並不是來自他太強烈的本能，而是對於自我欺騙和失去自我的恐懼。」[238]

難道唐璜眞的因此而悲傷絕望嗎？對卡繆而言，悲傷者有兩個理由，不是生活在無知裡，就是有所期待。然而，唐璜對一切瞭然於胸，卻沒有任何期待。[239] 直到他死，唐璜都不覺得自己悲傷，甚至死之將至，還能笑看世事。

對齊克果而言，唐璜並非絕望，「唐璜的生活並不絕望，而是

受制於情欲，而情欲生自恐懼，唐璜本身就是恐懼，而恐懼卻正是他那魔鬼般的生命欲望。」[240] 或許那只是「心靈的匱乏，種種願望在心裡漸漸枯死，他只好戲謔以對。……雖然以熟練的演技掩飾，但是在唐璜心裡卻是一種極度的無聊，那種無聊不會讓人想打哈欠，卻會令人發噱。」（弗里施）[241]

　　唐璜的風流韻事不可勝數。1003次。那是很大的數字。卡繆說：「他浪費了很多人的生命，也包括他自己的生命機會。」然而，即使他是個獵艷者，卻太過反覆無常，因為收藏的意義在於可以追憶往事。[242] 唐璜卻不能觀賞任何雕像，他絕對不會為了回顧而停下腳步。他被迫不斷勾引其他女人，雖然我們不願說那是真正的勾引。然而，「他渴望，他的渴望很誘人；因此，他的確在勾引。他享受欲望的滿足，如此無窮無盡……他沒有時間去當個誘惑者，沒有時間事前計畫，也沒有時間事後反省。……真正情場高手必須具備唐璜所沒有的能力，……即花言巧語的能力。」[243]

　　唐璜最終還是具毀滅性的，他甚至殺了人。如同齊克果一樣，唐璜也深知：「在美學的天空下，一切顯得那麼輕盈、優美、曇花一現；一旦倫理學登場，一切就變得那麼沉重、頑固而無聊。」[244] 唐璜對倫理學和道德不感興趣，他是個不折不扣的自我中心主義者和消費者。

　　雖然同樣是漂泊浪子，雖然同樣不想和任何女人情定終生，但

是卡薩諾瓦截然不同。依偎在對方身旁，吃著零嘴，共度一個舒適的電視夜晚，是唐璜和卡薩諾瓦最不願做的事。但對卡薩諾瓦而言，重要的不是獵艷的次數，而是誘惑女人的手法。他喜歡引誘、征服、細火慢燉、狩獵和技巧。卡薩諾瓦集心靈和幻想於一身。不同於唐璜，卡薩諾瓦對女人是認真的。他不是個憤世嫉俗的人，而是徹頭徹尾的性愛高手。他的感情非常豐富，因而讓他的獵物特別感動。然而，當他的獵物還沉浸於感動的時候，卡薩諾瓦卻已經冷卻下來而轉戰他處了。

「能夠贏得一個女孩的芳心，那是一門藝術，」齊克果說：「而能夠和女孩子好聚好散，卻是大師傑作。」[245] 卡薩諾瓦擅長於此。舉凡曾經與他纏綿繾綣的女人，沒有一個懷恨於他。當他無法留下來過夜時，總是知道如何取得女人的諒解。卡薩諾瓦照顧女人們的生活，甚至為她們物色適合的丈夫。卡薩諾瓦喜歡享樂，也希望大家跟他一起享樂。

卡薩諾瓦的心意讓人感激涕零。唐璜則比較適合那些想改變或調教對方的女人。她們明知唐璜是怎樣一個人，卻試圖改變他：「因此，當一個女人喊著：『我把愛情送給了你。』也就難怪唐璜會笑說：『把愛情送給了我？別鬧了，再來一次吧。』為什麼要為了愛得更深而減少愛的次數？」[246]

即使無法讓獵艷者幡然悔悟，倒也不算白費工夫。葡萄牙修女

阿克佛拉多（Mariana Alcoforado）在一封信裡感謝誘惑她的人讓她絕望，讓她厭惡以前的安逸生活。[247] 不錯嘛，如果事後能留下如此的感恩喜悅！

不管是唐璜、卡薩諾瓦或是浮世德（這個無聊而有教養的誘惑者，他需要魔鬼辛苦幫忙才能產生情欲），他們都是男人。文學史裡沒有任何一個女唐璜。蘇俄作家納波科夫（Nabukov）筆下的羅麗塔（Lolita）太年輕了，她的招蜂引蝶只能說是幼稚的賣弄風情。

在世界文學裡，只有加拿大作家瑪格麗特·艾特伍德（Margaret Atwood）筆下馳騁沙場的強盜新娘澤妮亞（Zenia），能與唐璜的邪惡互較長短：「妳以為妳流有熱愛冒險的血液，少來這套。在妳心裡，妳其實是個再膽小不過的人。……妳緊抓著威斯特不放（她的丈夫），好像他是妳剛生下的蛋，專屬妳一個人。我敢打包票，他無聊死了，除了妳以外，他沒有其他女人可以讓他無聊的小雞插入！」[248] 不消說，澤妮亞老早就和威斯特有一腿。

獵艷的刺激遊戲似乎是專屬男人的權利，女人頂多只能扮演蕩婦的角色。女人本身就是一場冒險，自己卻無法成為冒險家，總是暗中希望被人誘惑。獵豔者便是預設這一點，他相信所有女人和女孩都絕對可以引誘。遊戲的目的在於發現成功的可能性。一旦冒險成功了，遊戲也結束了，可以再開始另一場遊戲。如果沒有那些願意配合的女人，唐璜那夥人也將沒沒無聞。

　　艾特伍德在小說末了提出以下問題：「就某種程度而言，澤妮亞不就是我們嗎？……或換個方式來說，我們不是在某種程度上和她類似？」|249| 我們每個人都有自己祕密而卑鄙的情欲。誰不嚮往浮士德喊出「留下吧，你是如此的美」的片刻？有遠大的目標和計畫固然是件好事，但能夠同意齊克果的呼喚「刹那即一切」，又是多麼歡喜的事。

　　獵艷不需要有如唐璜般的男性雄風，它會變成一種不加思索的習慣。

　　「我喜歡暫時的習慣，」尼采說：「把它視為珍貴的方法，藉以認識各種事物和情境，仔細品嚐它們的苦樂；我的本性也配合這個暫時的習慣，……我總是認為它會一直滿足我；即使是短暫的習慣也相信激情，亦即相信永恆。……但是，即使是短暫的習慣也有終止的時候，美好的事物離開我，但它不同於讓我反感的東西，那種道別顯得異常平靜，對我很滿意，我也對它滿意，彷彿我們必須互相致謝握手道別似的。又有別的習慣已在門口等候了，我的信念（很難摧毀的愚昧和智慧）也在那裡等候，我相信新的習慣是正確的，非常正確的，在我的食物、思想、人、城市、詩歌、音樂、學說、日常安排、生活方式等等，莫不是短暫的習慣。」|250| 我們不需要像唐璜一樣打亂日常生活，而可以像尼采一樣隨遇而安。

　　由於受到精神疾病的影響，獵艷者總是無法安定下來，永遠在

流亡。然而，也有些健康的好奇和冒險，是奮發進取的中產階級德性。「時時求上進的人」一如浮士德，總是希望能夠認識新的事物，無法滿足於日常生活中的小習慣。如亞陀斯聖山（Athos）上的隱修士，一旦有落地生根的感受，就燒毀他們的隱修茅屋。

「相反的，我憎恨持久的習慣，它如暴君一般如影隨行，令人寢食不安，當所有事物似乎都離不開該習性時（例如職位，與同一個人的友誼，固定的住所，始終如一的健康狀況），生活中的氣息頓時彷彿整個凝結了。事實上，對我所有的痛苦和疾病，我打從心裡感激它們，因為它們留給我許多門，讓我得以擺脫固定的習慣。」（尼采） | 251 | 那是對於奮發向上的精神的詛咒。努力求上進的人無法保持忠實。

「**恐懼是對自由的暈眩。**」——**齊克果** | 252 |

性生活的騷動

我們看到恐懼是情欲的必要元素，如果沒有等著被克服的羞恥和禁忌等等阻礙，也就不會出現情欲。巴塔耶說：「在犯罪的剎那間，我們感到萬分恐懼，如果沒有恐懼的感覺，也就沒有所謂的禁忌：那就是犯罪的體驗。那個經驗讓人們違法犯禁，也讓禁忌得以

持續，維繫禁忌的目的在於享受禁忌。情欲的內在體驗要求當事人必須對於那使得禁忌有理由存在的恐懼很敏感，也對讓人違法犯禁的要求很敏感。」| 253 | 換言之，在踰矩或「犯罪」的當下，恐懼和渴望同時被激發，兩者的程度雖然有異，卻關係密切。

在情欲生活裡，總是有太多的恐懼，除了恐懼出軌的可能後果以外，也會恐懼背叛、恐懼被發現、恐懼被遺棄，因恐懼而產生的妒嫉，也會再度沉溺於恐懼裡。種種形式的恐懼可以用兩種方式去克服，或者是向激情投降，勇於打破禁忌，進而消弭情欲的恐懼，或是權衡種種危機，讓理性得到最後的勝利，當然，這種方式會限制生活的可能性，而再度引發恐懼。情欲生活裡的恐懼也包含對愛情的恐懼，對承諾、婚姻生活、性和情緒義務的恐懼。也可能恐懼性病、社會的輕視和婚姻破裂。恐懼灑下精子的範圍非常廣。

一般認為，激情的性愛領域主要由荒謬和瘋狂支配，荒謬和瘋狂的強度則被視為原欲和神經衰弱的作用。相反的，性的忠貞主要由理性操縱，它是理性的身體力行、是一種施捨或社會救濟，性的忠貞甚至可以從刑法觀點去考量。然而，當我們論及「性的忠貞」時，實際上包含兩個對立的元素。我們用「性的忠貞」一言以蔽之的，必須經過理性的深思熟慮後才能了解和實踐。不用奇怪，我們有時會覺得「性的忠貞」對我們而言是一種苛求，並深感恐懼（對個人需求、本能、可能帶來的種種社會後果），進而產生一種潛藏的

罪惡感，其效果與恐懼不相上下。

我們看到，「唐璜的生活並不絕望，而是受制於情欲，而情欲生自恐懼，唐璜本身就是恐懼，而恐懼卻正是他那魔鬼般的生命欲望。」[254] 一般而言是這樣的，齊克果說：「當我們思考恐懼的辯證性因素，……就會看到，那些因素有辯證的歧義性。恐懼既是同情的反感也是反感的同情……語言完全證實了這一點。人家說，又愛又怕，又敬又畏，也說奇妙的恐懼，膽怯的恐懼。」[255]

齊克果認為，亞當在被要求打破為他設立的禁忌時感到恐懼，是因為禁忌「喚起了自由的可能性，……令人恐懼的可能性。」[256] 當然，亞當對「犯罪」懵懂無知，卻清楚知道勢在必得，他已經「聞到」自由的味道。自由雖然讓他恐懼，然而他追求自由的渴望更為強烈，於是他伸手了。

齊克果說：「恐懼好比一種暈眩。自高處俯瞰深淵讓人感到頭暈目眩，理由何在？是眼睛作怪還是深淵本身的問題，都可能是理由。……同樣的，恐懼可說是對自由的暈眩。當精神向上攀升試圖綜觀全體，自由俯瞰它的可能性，……在一陣暈眩中失去了意識，……在一瞬間，一切都改變了。當自由再度起身，它發現它是有罪的。沒有一門科學可以解釋自由從有罪到無罪的改變。出於恐懼而覺得自身有罪的人，他的罪是含糊曖昧，模稜兩可的。恐懼一如女人的昏厥，讓自由失去意識。從心理學的角度來看，犯罪的行

為永遠是在失去知覺的狀況下發生的。然而另一方面,恐懼是最自私自利的。沒有任何一種自由的具體表現比恐懼的表現更為自私。那也是決定個體的同情和反感的歧義關係的關鍵。在恐懼裡,可能事物的自私的無限性並不是一種選擇的嘗試,而是以其甜美的恐懼讓人顫慄。」|257|

　　自由與恐懼:它們就像對於漩渦的著迷,或是吸吮的力量。如果我們想要讓愛情持久,就必須排除恐懼,並且放棄追求自由。或是,愛情旋轉起來,如同碾磨的離心器,不停地在問題裡打轉,直到愛情沉沒,或許在可見的將來裡再度復甦,如此一來,我們有可能保有愛情,保有心裡的幼苗。我們該怎麼做?或是說得更明白一點,我們究竟有沒有其他選擇?

第五章

共結連理

　　現在成家立業而踏入成人世界的時間越來越晚。[258] 儘管很恐懼，儘管採取各種拖延戰術，每個人遲早都得面對以下的問題：是否該更認真地看待伴侶關係，是否該放棄情欲而盡一點義務。當考慮到倫理時，認真、義務，如同齊克果所說的，使得一切突然變得「那麼沉重、僵化而無聊。」[259] 然而，愛情關係裡的純粹美學元素只是曇花一現，當關係變得沉重而僵化時，我們可以選擇流亡，或是駐足觀望，看看是否仍然值得去維持。

　　共結連理現在不再是外在的道德規準，而是個人內心深處的渴求（青少年研究報告顯示，婚姻一直是個理想），[260] 最後因相知相惜而決定走上紅毯的那端。齊克果深知：「愛情很自然地要尋求證明，那使得愛情成為一種責任，一種面對更高者時的責任。」[261] 我們心甘情願地讓陪審團來見證我們的愛情。如同我們在〈真愛〉一章中所見，情人們以星月作證，甚至對著父親的亡靈發誓。為了見證我們的愛情並得到永恆的救贖，我們互換戒指信物，簽下結婚的賣身契。「永結同心」一如其名，不是暫時的承諾，無論是沒有結婚證書的伴侶關係，或是法定的婚姻關係，其中都蘊涵著「永恆」的概念。

　　「我願意」這句話裡的理性元素，把感性的「我愛你」提升到另一個現實層面。誠然，「模糊衝動的混亂興奮」（齊克果）是美好的，然而，只有意志、決定和態度，才會給與關係持續的力量。

「婚姻的責任充塞著整個生命的四肢百骸，並且永遠不讓任何阻礙干擾愛情。」[262]

　　然而，離婚率的統計數據證明，愛情有時是非常脆弱的。對於某些人而言，那就有足夠的理由排斥任何伴侶關係。他們對於周遭破裂的婚姻嗤之以鼻，並再三聲明不會步人後塵。他們或許以破壞別人的婚姻為樂，自己卻躲在個人主義的蝸牛殼裡。他們不願擔負伴侶關係的義務。對這種看法，齊克果猛烈批評說：「他們只想做個旁觀者，其中洩漏了某種陰謀。」[263] 洩漏了個人玩世不恭、有所保留的心態。

　　他們對於沉重和僵化保持距離。因為共結連理，「人類陷入了……與倫常習俗的痛苦接觸。倫常習俗與民情有如風向和天氣一般不可捉摸。」[264] 一旦結婚之後，就有必須注意的儀式和禮節，就得尊重親家的看法和道德價值。「所謂『親戚』的模糊概念，往往被視為潛在的干擾要素，而無助於婚姻。」（盧曼）[265] 倫常習俗和親戚關係，對現代人而言都是干擾。儘管如此，「婚姻仍不失為值得尊敬的習俗，雖然很乏味，但婚姻機制自始就擁有歷代相傳的尊嚴和榮耀。」（齊克果）[266]

　　難道不能驕傲地面對尊嚴嗎？倫常習俗一定是讓人為難的嗎？其實不難。藉由固定伴侶關係而形成的最平凡的東西，也可以從另一個觀點來看、用另一種方式去描繪，婚姻的擁護者齊克果甚至為

139

此發明了美好的詞彙：伴侶關係帶來了「生活的力量」，賜予我們「信賴的至福」和「永恆的信念」。

　　然而，如果親戚關係和每個星期天去拜訪岳母對我們都是個干擾，我們還能夠接受什麼？我們願意端早餐到床邊嗎？願意在大雨天開車送伴侶到機場嗎？願意照顧伴侶一輩子嗎？今日甚囂塵上的個人主義在暗處威脅，越不願意妥協的人，會變得越吝嗇，而限制了自己的心靈。「一談到決定的時候就見風轉舵的人，完全沒有理想，只是恣意而為。」（齊克果）｜267｜美好而充實的伴侶關係是無法用計算機算出來的。「無法全力以赴，此乃人類致命的錯誤。」作家亨利・米勒向那些懦弱而沒擔當的人們吶喊。｜268｜

　　當然，全力以赴的人也可能會失敗，失敗的痛苦絕對不會少於成功的喜悅。離婚畢竟不比散步，但是在那之前卻有種種可行性。如果能互相許諾：「我們彼此相愛，讓我們彼此珍惜！不然，我們的誓約不就是一個錯誤嗎？」（尼采）｜269｜能夠這樣應該會很好。「正如一個基督教徒隨時準備好要為他的信仰辯解一樣，結了婚的男人該隨時準備好為他的婚姻辯解。」（齊克果）｜270｜

　　在老顧客固定的餐桌以及老鼠會的聚會裡，我們總是會碰到一些人無法自圓其說並坦承其關係。當「兩個共謀者其中之一把罪惡都推給對方，背地裡卻和對方暗通款曲，」（阿多諾）｜271｜或是趁著對方不在時取笑羞辱對方，那總是很尷尬的事，因為可笑的人總是

說話者自己。無法對人說自己結了婚，沒辦法公開承認伴侶關係，那麼終究難逃失敗的命運。

　　婚姻裡的性愛背叛經常被認為是非常嚴重的，然而和先前言語的背叛相較之下，就算不了什麼。忠實，忠於自己、忠於自己的決定、忠於自己的伴侶，那是在文化裡的高尚行為。就像尼采一樣，我們可以很敬畏地確定：「因為兩個人要結合為一體，實在是件大事。」[272]

「**婚姻有天國作為福證。**」──**齊克果** [273]

婚姻是宗教性的綺想

　　隨著浪漫主義的風行，在歐洲也逐漸形成現在所謂「浪漫的愛」（romantische Liebe）的概念。在當時，該觀念的前衛和爭議性讓它很快成為公眾與私人的焦點話題，有一段時間，它甚至是哲學和文學的核心問題。德國作家赫爾德（Johann Gottfried Herder）便曾說：所謂的真愛是「設身處地去感受對方的情境、存在、感覺和心靈，沒有半點勉強，而是滿心喜悅、情不自禁地體會對方歡樂的內心，對方的生命。」[274] 因此，愛是去體會所愛的人的全部，與他水乳交融，潛入他的內心世界。

　　大約同時期的席列格（Friedrich Schlegel）認爲，愛其實是人類最古老的生命重心，由此，他自己以及宇宙對他開展一個整體。另一位浪漫主義的哲學家施萊馬赫（Friedrich Schleiermacher）更指出：「上帝必與情侶們同在。情侶的擁抱也正是上帝的環顧，此刻的他們感受互屬對方，也願意互許終身。如果沒有那種感動，沒有奧祕，那麼愛情就不會有歡樂。」｜275｜換言之，愛情到頭來成了宗教的學前教育：「因爲爲了要能宏觀世界，爲了要能獲得信仰，人類必須先發掘人性，而人類只能在愛情裡或藉由愛情去發掘人性。」｜276｜

　　其他人如諾瓦里斯（Novalis）卻深知浪漫的愛也有其陰暗面。浪漫的愛蘊藏了在有限現實裡無法滿足的無限嚮往。浪漫的愛不一定會趨向光明，也可能趨向黑暗與死亡，浪漫的愛很可能會變成「一種病態」，就此而論，歌德與諾瓦里斯所見略同。齊克果雖然不認爲浪漫的愛是一種病態，卻認爲是一種不切實際的幻覺，正因爲「浪漫的愛的永恆性以時間的有限性爲基礎」｜277｜，因此無法得到「更深層的意義」。當然，「初戀的無限性」總是很有美學底蘊。然而那終究只是一場戲，因爲「這個無限不能變爲有限」｜278｜，如同耀眼的光芒，浪漫的愛終究會消逝。

　　齊克果認爲，解救愛情的唯一之道就在宗教裡。「初戀在還沒有經歷過任何痛苦或傷感的反省時，就與宗教結爲一體。」｜279｜當

我們墜入情網時，我們自然會有宗教性的體會。同時「宗教的登場並不會妨礙愛情」，因為「我們相信，有了上帝的幫助，人類比整個世界都更明亮。」[280]

如同一句魔咒、防彈衣、護身符，神的光芒讓愛情顯得更高貴，昇華到更高的境界且長住其中。結婚是解救愛情且讓它長久的唯一辦法。

齊克果說：「你們談論了很多有關性愛的擁抱，那麼，婚姻的擁抱算什麼呢？……在婚姻的『屬於我』的概念裡，婚姻的擁抱比性愛的擁抱更豐富。……在婚姻的『屬於我』的概念裡存在著一種力量，讓人們的意志、決定和態度都有了更深刻的意義。……那動力並不只是來自模糊本能的興奮不安，因為婚姻有天國作為福證。婚姻的責任充塞著整個生命的四肢百骸，並且永遠不讓任何阻礙干擾愛情。因此，讓唐璜保有他的涼亭吧，讓騎士保有他的夜晚星空吧，他們的眼界是如此狹窄。婚姻有更崇高的天堂，那就是婚姻，如果不是這樣，那不是上帝的錯，不是基督教的錯，不是婚禮的錯，也不是詛咒或祝福的錯，而是人們自己的錯。」[281]

只有婚姻才能讓愛情更顯高貴。只有婚姻才能讓愛情擁有恆久的形式。其他性愛的、美感的，以及所謂的初體驗，這些東西總會銷聲匿跡。沒有婚姻的證明，愛情也會悄然凋零。婚姻才能解救愛情，因為人們以宗教情操和愛情攜手相偕。

　　除此之外，對齊克果而言，「婚姻是人類生命中最重要的發現之旅，與爲人丈夫的經歷相比，其他生命的體會都是膚淺的，因爲只有當了丈夫，才能深切感覺到生命的存在。

　　誠然，沒有任何詩人會像描繪詭計多端的奧德修斯那樣去訴說一個丈夫的經歷，說他「看過許多人和城市，並且體會其意義」。問題是，如果奧德修斯當初選擇待在潘妮洛普身旁，他是否還會有同樣的體會呢？」 | 282 | 實際上，潘妮洛普對奧德修斯的印象大概也會不一樣，把他從頭到腳給看穿，知道他也只是個普通人，有臥病在床的時候，也會拉肚子發燒。奧德修斯也會看到潘妮洛普撒潑的時候，把織布器擱在一旁，和侍女吵架。然而，奧德修斯苦戰疆場，心裡只有潘妮洛普美好的形像，而在潘妮洛普的記憶中，奧德修斯是生死未卜的英雄豪傑，強壯有智慧，並且始終對他有強烈的渴望。那豈不是太浪漫了？當然。

　　但是究竟是什麼讓我們對愛情有如此浪漫的聯想？它對我們日常生活又有什麼影響？德國社會學家尼克拉斯・盧曼回答說，一方面性別的差異越來越小：「不僅是在個人的考量上，也包括在選擇異性作爲結婚理由時的整體考慮。在浪漫的愛的叛逆情結的保護下，伴侶們總會相濡以沫。在外人眼裡看來，越是驚世駭俗的愛情，越是叛經離道的組合，戀人們就會更加相濡以沫。」盧曼接著說，那也使我們在解釋不幸婚姻時遇到難題。婚姻幸與不幸都歸咎

到「浪漫的愛」[283]。

　　盧曼說，如果愛情成了選擇伴侶的唯一合法條件，「那麼就必須過濾掉激情裡危險的、有存在威脅的、攸關生死的元素。其餘的就只是對狂熱的激情的體制化理解，並假設那是對於結婚準備的考驗，是幸福的承諾。每一代都必須重新建立自己的家庭。」[284] 人們沒有可以遵循的傳統。顯然，「作為解釋愛情的巨型理論，浪漫主義是不夠的，他們在享受蕩魄銷魂的愛情滋味……，卻不去為愛情生活的瑣事未雨綢繆，輕率決定結婚，終究會自食惡果。」[285]

　　「當某個法律讓不正常的行為看起來變成正常，當那行為在現實的心理和社會條件壓力下而重返正軌，那麼那樣的法律不會失效嗎？人們不會把這種婚姻視為騙局嗎？也就是『因為期待幻滅而結婚』。」[286] 盧曼問：「難道不是宗教、道德、法律和家庭制度等等阻礙的消失，導致社會對離異夫妻的成見？雖然沒有明白的排斥，但是當事人不見得比較好過。離異的夫妻知道，大家都認為那是他們咎由自取，然而，始作俑者應該是意識形態的誤導吧？」[287] 願上帝保佑我們吧。

「自對方各取所需的婚姻才能夠維持得很好。」——尼采[288]

婚姻是利益團體

自由戀愛的婚姻固然是非常美好的主意，然而那其實是很晚近的產物。它始於浪漫主義的風潮，漸漸發展爲選擇伴侶的主要條件。幸福的情侶和長久的婚姻是否就此產生？尤其是後者，並不盡然。愛情是很不穩定的基礎。「把愛情和婚姻混爲一談，並不符合社會經濟法則，我們甚至可以說，與我們的經濟理性背道而馳。」心理治療師克勞斯・特韋萊特（Klaus Theweleit）如是說。[289] 愛情無法長久，也不會帶來任何好處。

哈布斯堡家族藉由政治聯姻開疆拓土，肯亞的羅族（Luo）在談到鄰族婦女聯姻時一語中的：「她是我們的敵人，我們得娶她們爲妻。」[290] 哈布斯堡家族和羅族都知道如何善用婚姻。尼采分析說：「從古代雅典到十八世紀的歐洲，盛行於貴族階級的婚姻概念充滿著冷漠、嚴謹和精打細算，對此我們不寒而慄。我們善良好心腸的『現代人』！然而，以激情爲基礎的愛情，對於貴族世界而言，根本是虛構的。」[291]

在貴族階級裡，愛情是作爲策略性的、無關情欲的婚姻的補償，是保留在出軌時享用的。在家裡，到處都是義務。「在最近上演的一齣戲裡，一個平凡的裁縫女品評那些英俊紳士的愛情。她

說：他們愛我們，卻不會娶我們爲妻，他們不愛那些漂亮的女人，但會娶她們爲妻。」[292] 齊克果寫道。誠然，讀到這裡，我們不寒而慄。

「因此，正如時代所深思的，我們只能將就著接受像理性婚姻這樣的解決辦法。……它如同一紙投降條約，生活的嚴酷使它成爲不可或缺的東西。……很多過了法定結婚年齡的人們，也開始認同這樣的婚姻，他們明白眞愛只是幻想，因愛情而結婚最多也只是天眞無邪的願望而已。因此，他們踏進乏善可陳的關係，爲生活而奔波，爲社會地位而奮鬥。」[293]

對於愛情不再存有任何幻想、不再相信愛情的人們，就像以前一樣，出於利益考量而結婚。自伴侶關係當中各取所需，滿足於平淡的生活。尼采認爲：「自對方各取所需的婚姻才能夠維持得很好，例如說，妻因夫而貴，夫因妻而顯。」[294] 誰曉得會不會在風流韻事裡找到愛情！（正如以前的貴族階級。）此即爲什麼人們「在某種程度上贊同被婚姻排斥的婚外情，也在某種程度上同意沒有愛情的婚姻。」（齊克果）[295]

尼采認爲：「愛情不會變成一種制度。」[296] 齊克果也認爲：「……理性計算的婚姻總是短暫的，……如此的結合有違倫理，同時也很脆弱。」[297] 違悖道德可能還沒關係，脆弱的關係絕不是「因愛結合」的婚姻所追求的。

　　我們當然可以稍微理性一點地面對婚姻的抉擇。「一匹馬或是一頭驢，一頭牛還是一隻狗，還是一件衣服，一張床，甚至飲用的容器，總是會先試一試，再比較一下。在新郎把新娘娶回家以前，新娘總是躲在家羞於見人，免得不討新郎的歡心。無論兩人是在什麼機緣下認識的，總有該娶她為妻的理由，不管她是醜陋、有體臭、體弱多病、平庸簡單、高傲或易怒。只有因為出軌，做丈夫的才能夠休妻。」|298| 羅塔利歐極力鼓吹婚前試婚。有趣的不僅是這段話出自十三世紀，更聳動的是，羅塔利歐就是教皇英諾森三世。

　　我們善良好心腸的現代人讀到這段話最多就是一笑置之。我們是無藥可救的浪漫主義者，決不會在結婚時精打細算。然而，阿多諾認為，我們根本當不起浪漫主義者：「在幸福的婚姻裡，夫妻皆應有各自獨立的生活，以證明他們不是圍於經濟利益的考量而結合。他們的結合是基於相互擔負義務的自由。出於利益的婚姻無疑是對於當事人的羞辱。然而那也是世俗制度詭譎的地方，沒有任何人能夠倖免於羞辱，儘管他們都知道為什麼。」|299|

　　我們相互需要的事實（甚至對著愛情發誓）是很讓人尷尬的。即使物質不虞匱乏的人，還是需要對方，「有時候我們會突發奇想地認為，沒有羞愧的婚姻，是那些不需要汲汲營營的人（也就是有錢人）的特權。但這種可能性只是很形式化的，因為對那些特權階級而言，汲汲營營是他們的第二天性，不然，他們不會稱此為他們

的特權。」[300]

　　然而，我們確實相愛！或者是我們基於利益考量而相愛？在〈真愛〉一章裡，我們討論過人們的愛到底可以多麼無私。齊克果深信：「『為什麼』的問題越少，愛就越多。」難道不正因為有個「為什麼」，才有浪漫主義嗎？我們不正是基於那個「為什麼」才相愛的嗎？世界上只有少數人能像耶穌基督、甘地、聖方濟各那樣，超越自我去愛人，以自身創造的愛去行動。

　　我們只是凡人，很難做到完全無私的境界，時或需要某些報償。那是細微而不自覺的作用，因此我們不會感到不安。1938年，德國詩人貝恩（Gottfried Benn）娶了當時跟他過從甚密的三個女人其中一個，也就是他的打字員，他娶她就只是因為她會打字。[301]當時會打字是個難得的技藝，對一個作家而言，具有致命的吸引力，因為打字改變了整個寫作的方式。我們可以說貝恩愛得很理智。

　　希區考克（Alfred Hitchcock）的戀愛也考慮得很縝密，他選擇了1920年代的電影巨星艾瑪·雷薇（Alma Reville）為妻。身為剪片師和劇作家，艾瑪對電影這個媒體有深刻的理解和體會，而那正是年輕的希區考克躍躍欲試的領域。

　　「在我向艾瑪求婚的那天，艾瑪正躺在船艙的甲板上。船搖晃得很厲害，艾瑪暈船而很不舒服……。我不能冒險用華麗的辭藻去求

婚，因為我害怕她會以為我只是要跟她討論電影劇本的一個情節。於是事情就那樣發生了，她呻吟起來，點了頭，打了個嗝。這是我一生中最美好的一幕，或許對話有點笨拙，但畫面是如此貼切，絲毫不誇張。」 |302|

希區考克娶到了他「所需要」的老婆。在戀愛當中，人們總喜歡說「我需要你」，雖然可能是肺腑之言，但是似乎有弦外之音。難道，「我需要你」不就是字面上的我需要你嗎？愛情不就像尼采所謂為貴族發明的專利品，或者我們也有談戀愛的權利呢？「愛情的火花難道不是被情侶的技術品質和裝備給點燃的嗎？」 |303| 我們不正是因為有利可圖才會墜入情網的嗎？

如果，這一切是潛意識的作用，那麼，所有婚姻都會有理性思考的元素。如果齊克果是對的，理性的結合「既不符合倫理，也很脆弱」，那麼所有伴侶關係都只有一定的時效性。利益結束了，關係也終止了。伴侶關係裡必然藏著不忠，因為它是外在世界的探針，時時在探測是否有更好的可能性。如果我們像王爾德（Oscar Wilde）所說的，品味單純，永遠只要最好的，那麼我們就永遠不會停止追尋。

或許理性的思考就可以打破這個可悲的震撼，尼采認為：「在步上紅毯的那端之前，我們得好好想想，是否真的願意和這個女人促膝長談，直到天荒地老。婚姻生活中其他事物都是暫時的，然而

我們交往的大部分時間都是在交談。」[304] 這同樣是理性的考量，
卻很溫暖且讓人心安。我們追尋和渴求的一切，都是稍縱即逝的。
老來相處首重談心。你瞧，我們還是很了解對方。

「夫妻的關係是平等擁有的關係。」──康德 [305]

婚姻作為法律和宗教的制度

　　回顧過去，婚姻自古即受法律的約束。法律界定夫妻的權利與
義務、財產關係，並且防止離婚率太高。男女關係想要持久親密，
就必須拋棄私領域，以配合公眾的利益。為了得到大家的認可和尊
敬，長久以來，最親密的關係也必須搬上公眾舞台告諸大眾，基本
上，婚姻雙方不僅需要教會的見證，還得祈禱上帝的祝福。

　　不僅是法律學者和專家致力於兩性關係的維護，哲學家也對此
大抒己見，比如鼓吹自由平等社會的康德就認為，為了讓正義當
道，也就不得為自己的目的而利用他人，婚姻裡的兩性關係應該由
法律來規範。

　　對康德而言，婚姻不過是：「兩個不同性別的人，為了終身互
相占有對方的性器官而產生的結合體。」[306] 在婚姻中，為了對方
的享樂而委身於對方，無疑是把自己降格成一種物品，「這與他自

身的人性權利互相矛盾，可是，這種狀況只有在一種條件下可以存在，即一個人被另一個人作為物來獲得，而這一個人也同樣地獲得另一個人。這就恢復並重新建立了理性的人格。由於這種結合，獲得人身的一部分器官，同時就是獲得整個人，因為人是一個整體，這種獲得發生在彼此性器官交出和接受後，只有在結婚的條件下，是可以允許的，進而是唯一真正可能的。」[307]

性關係必須經由婚姻合法化，因為如同康德所言，「夫妻雙方的關係是平等的占有關係」，因此，「只有一夫一妻的婚姻才真正能實現這種平等關係，因為在一夫多妻和一妻多夫制中，一夫或一妻委身於對方，只能獲得對方中的一人，即獲得當時委身於他（她）的那一個人而已。」[308]經由一夫一妻的結合，雙方成了對方的物，也使得這種物化關係得到正面的意義，成為倫理上合法的現象。

在婚姻契約中應該特別申明，「婚姻的契約只有夫妻同居（copula carnalis）才算完成。」[309]然而，「獲得配偶作為丈夫或妻子，不能根據兩人同居的事實就不事先締結婚約，也不能僅僅有了婚姻的契約而沒有隨後的同居，便可以構成。只有通過法律才能獲得配偶：即作為一項法律上責任的後果。它是由兩個人僅僅根據彼此占有而結成一個性關係的聯合體。這種互相占有，同時又僅僅是通過相互使用性器官，才能成為現實。」[310]

只有藉由契約的協定，才能委身對方，才能愉悅使用對方的性器官。結婚契約的簽訂排除了降格為物化的疑慮。法律的界定給與我們明確性，維持自己和他人在婚姻裡的尊嚴。然而，黑格爾猛力抨擊該觀點，他認為婚姻的關係是無法經由契約的簽訂來界定的，因為「兩個不同性別的人的結合」來自「雙方基於相互的愛和信任的道德結合，而那也是人性所在。」[311]

黑格爾寫道：「婚姻不可歸為一種契約」，婚姻「實質上是倫理關係。以前，特別是大多數關於自然法的著述，只是從肉體方面、從婚姻的自然屬性來看待婚姻，因此，它只被看成一種性關係……至於把婚姻理解為僅僅是民事契約，這種在康德那裡也看得到的觀念，同樣是粗魯的，因為根據這種觀念，雙方彼此任意地以個人為訂約的對象，婚姻也就降格為按照契約而互相利用的形式。第三種應該受到唾棄的觀念，認為婚姻僅僅建立在愛的基礎上。愛即是感覺，所以在一切方面都容許偶然性，而這方面是倫理性的東西不該採取的態度。所以，應該對婚姻作更明確的規定如下：婚姻是具有法的意義的倫理性的愛，這樣就可以取消愛中一切倏忽即逝的、反覆無常和赤裸裸主觀的因素。」[312]

黑格爾並繼續補充：「婚姻的客觀出發點是當事人雙方自願同意組成一個人，同意為那個統一體而拋棄自己自然的和單個的人格。在這一意義上，這種統一乃作繭自縛，其實這正是他們的解

放，因為他們在其中獲得了自己實體性的自我意識。」雖然「在現代，主觀的出發點，即戀愛的感覺，被看作唯一重要的因素。大家都理解到必須等待，以俟時機的到來，並且每個人只能把他的愛情用在一個特定的人身上。」┃313┃然而，愛慕並不那麼具有決定性。對情侶而言，愛慕可能意義重大，但愛慕「本身」並沒有太多作用。

基本上，黑格爾認為，婚姻不該被愛慕或「激情所破壞，因為激情是服從它的」。激情只會「破壞」婚姻，加速婚姻的解體。也因此立法必須儘量使得離婚「難以實現」，以「維護倫理的法來反對任性」，因為「婚姻是社群倫理賴以建立的絕對原則。」┃314┃

如果我們仔細思索康德、黑格爾以及教會的觀點，那麼，結婚絕對不會是一種享受。愛慕和激情是無關緊要的。婚姻其實是一種倫理義務，是更高的意志、法律契約，並且隸屬於一個共同體。親密的私人關係必須搬上舞台。當兩人敢使用對方的「性工具」時，我們當然也想要說一點話，或多或少也參與一下。如果大家只是私底下交歡，那麼我們要到哪裡去？工具只得乖乖待在箱子裡。褲襠裡那個被禁的東西，除非能夠提出證明，否則不能打開，不管它願不願意。沒有國家和教會的許可，就無法解開胸罩的釦子，拉下內褲。

對於婚姻這種刻板印象，齊克果試圖用心理學的觀點來反駁，

並假設情侶們自然而然都會有以下想法。不可否認，「初戀的本質在於尋求認可，這也使得愛情或多或少成了一種義務，來自更高的權力加諸戀人身上的義務。」戀人嚮往婚姻，希望「歷史見證」他們的愛情，其「先決條件就是婚姻，」[315] 齊克果說：「婚姻是愛情的更高表現，如果不是這樣，大家都會錯亂，不是成了未婚的嘲弄者、勾引者或是特立獨行的人，不然就投入婚姻，渾渾噩噩地過日子。」[316]

當然，婚姻決非小事一樁，需要「許多勇氣和智慧」，才能「全力爭取幸福」，同時還需要「智慧和耐心，以克服願望實現後經常出現的疲乏無趣」。[317] 幸福的婚姻是一門藝術，不是每個人都可以達到，同時也是冒險的行動，需要英雄般的勇氣：

全心全意的丈夫，既有勇氣而且義無反顧，因為愛慕而和愛人長相廝守，誰曉得後果會是如何。他當然也不知道，但如果他為此憂心，那他的頭髮必定一夕間全白。他不知道那會帶來什麼後果，他只知道可能因此失去一切，但他義無反顧，不僅是在墜入情網時堅持他的決定，在思惹情牽時，他也無怨無悔。有一句老話聽來可能陳腔濫調：有什麼是不能為女人和小孩去做的？答案是：沒有。……表面上看，比丈夫更有勇氣的人不計其數，他們賠上了國土和財富，失去江山和王位，但為人丈夫者更有勇氣。誰冒險去

愛，冒險去爲人丈夫，誰就愛得越多。[318]

儘管是個冒險行爲，齊克果認爲，一個男人還是爲了偉大的愛而結婚了。「別考慮太久，『爲什麼』越少，愛就越多，跳進婚姻裡吧，因爲它的天國比一切世界還要高。」當然，齊克果自己臨陣脫逃了，在幾經哲學思索之後，他解除了自己的婚約。齊克果有很多的懷疑。失去所有而一無所獲時，會是怎麼樣的人生呢？如果選擇錯誤或是根本無法做選擇？那豈不是人間煉獄嗎？

阿多諾說：「在人情澆薄的大衆社會裡，婚姻是維護人性細胞的最後機會。」[319] 當然，當婚姻幸福，當婚姻裡的愛情經得起離婚的威脅，才有可能維護人性細胞。阿多諾認爲，若是如此，社會大衆多半會借機報復婚姻：「那些事不關己的人們開始插手，制訂關於權利和財產的不符實際的法律，並譏諷那些誤以爲可以藉此得到保障的人。」在離婚的緊要關頭，那些「受法律保護的人們成了可憐的被拋棄者。」[320] 人性蕩然無存。

於是，齊克果所謂的英雄行徑，也就和婚姻沒有什麼關係了。面對社會大衆，再偉大的英雄也沒轍。社會大衆以「關於權利和財產的不符實際的法律」，隨時可以把婚姻拖下水，監禁婚姻，無情地剝奪一切人性尊嚴。婚姻的盡頭並未藏有什麼桂冠。儘管齊克果提升了婚姻在宗教和浪漫主義上的意義，卻牴觸了教會的利益，以致

對於維護實質的婚姻並沒有太大的助益。到底是情侶自己希望得到上帝的見證？還是教會希望以上帝之名去控制戀人的性行為？

　　長久以來，各大宗教的經典對性欲的戒律有個共同點，也就是認為淫欲會惹惱神明，因此被視為有罪。經典裡一致主張說，人類性欲的目的在於傳宗接代。以情欲和享樂為主的性愛遊戲頂多只能在婚姻關係裡發生，然而，那其實也只是體力的浪費，與其浪費體力，倒不如多禱告或從事社會活動。最好是完全放棄使用性器官，全心全意為主奉獻。《新約聖經》說：「這話誰能領受，就可以領受。」在佛教思想中，清心寡欲也被視為離世間苦、證得菩提以及智慧解脫的有效方法。

　　宗教理論大多對人類性欲保持懷疑的態度而加以拒絕，一方面是因為宗教認為人皆有不朽的靈魂，靈魂勝於身體，而身體只是靈魂的器具。該思想支配了整個西洋哲學，而叔本華則極力批評它，因為它會推論出身體是卑劣的。人類的性行為也成了讓靈魂蒙羞的身體活動。其結論是，身體成了人類的卑賤部分，被比喻為排泄物，性的需求是身體自行產生的結果，為了追求潔淨，必須加以洗滌。這種宗教的清淨與染汙的二元論，可直接回溯到心物二元論。

　　另一方面，人類的情欲是強大而不容忽視的力量，具有打破規範、破壞禁忌、挑戰公認秩序的傾向，讓自由的性愛蘊藏了革命的種子。對於歷代的統治者以及神職人員而言，那是再清楚不過的事

了。神職人員與統治者必須設置控制人民性欲的工具和策略，才能
穩固他們的權力。控制了人類的性欲，就能支配人類其他的行為和
生活。人類的性欲可說是最棘手的問題，一旦解決了，就不難讓人
們俯首稱臣。

　　一般來說，那意味著，能夠控制對方的性欲，也就能夠控制整
個人。他可以完全控制那個被視為性奴隸的人。（對一個人的宰制
就表現於對其性欲的宰制，該理論來自萊希〔Wilhelm Reich〕。）
「婚姻」和「忠實」是合適的控制手段，這兩個概念互相關聯，尤其
是當對上帝的忠實體現為對伴侶的忠實的時候。我們從《金賽報告》
可以看到，作愛次數最多的社會階層，分別為下層社會（流氓、妓
女等）、社會最高階層以及藝術家，也就是那些自視高於法律，或無
視法律存在的人。

　　果真如此，誰還會對婚姻感到興趣，大概只有戀愛中人吧。但
是，他們真的知道他們在做什麼嗎？到最後，可能還是小孩能從婚
姻中得到利益。小孩需要有個家，以及為他們著想、貼心又聰明的
父母。阿多諾認為對小孩尤其不應該吝惜「在人情澆薄的大眾社會
裡的人性細胞」，而婚姻則賦予人性細胞的可能性。

「人們一離婚，就搞得烏煙瘴氣。」──阿多諾[321]

當婚姻破碎時

尼采在《查拉圖斯特拉如是說》裡說：「你的婚姻：當心，別讓它變成一個壞的結合。你們要是鎖得太快，跟著就會產生破裂：通姦。但這種破裂要比偷竊和詐欺來得好。如是，一個女人對我說：『的確，我犯了通姦並造成我的婚姻破裂，但是，首先我的婚姻就破裂了！』」[322]

婚姻怎麼會對於那憧憬婚姻生活、刻骨相思、海誓山盟的人產生如此大的打擊呢？西班牙作家哈維爾‧馬利亞斯說：「婚姻狀態的改變有如疾病般無法捉摸，不是打斷了一切，就是讓一切不再行得通。」[323] 弗洛姆也承認：「許多情況結婚以後就大大改變。」[324] 到底發生了什麼變化？

馬利亞斯描繪他結婚當天的狀況：「從明天開始，那可能持續多年，我都不會有想要看見路易莎（Luisa）的願望，因為現在只要我一張開眼睛，就可以看見她。」[325] 因為伴侶關係，餐廳共度晚餐或看完電影以後，他們就不會各自回家。結了婚以後，兩人看完電影就一起回到同一個地方，倒不是因為他們決定如此，而是結婚後就是這樣，不管當事人是否願意。[326] 婚前的冒險成了日常生活，看見對方的喜悅也因為每天都可以相見而煙消雲散。但是，那

一切都不是當初我們想要的啊！

　　果真如此，問題就不出在已婚的事實，而在於我們期望的改變。如同愛情不是從天而降，婚後的清醒也不是無中生有的。「婚姻的契約讓雙方擁有對於對方的身體、感受和關愛的絕對所有權。不需再巧費心思討他歡心了，因為愛情成了所有物，成了一種占有。」|327| 達到目標以後，疲憊油然而生。它很有破壞性，因為每當完成目標，我們總是希望偷個懶或疏忽，因而就會犯錯。因為結婚（如同每個改變一樣）是一個開始，而不是結束。

　　「婚姻生活不該像一件休閒的睡袍，」齊克果警告說：「正如我們只有一本聖經，如果一個人在一年的第一個主日就把它講完，那麼他不但在剩下的日子裡辭窮，而且在下一年的第一個主日也無經可講。所以如果有可能的話，他們應該彼此多少保留一些神祕感。要慢慢揭露一個人的真實面目，最好是偶一為之就好，如此，當人們發現可以從許多面向去觀察他的時候，就會特別注意。一個人必須避免暴飲暴食或留下不好的回憶。」|328|

　　話雖如此，但是那沒什麼用處。我們不會吝惜甜言蜜語，一年之後也不會再覺得對方神祕。我們太清楚對方骯髒的內衣，夜裡得聽著對方的酣聲入眠，不時還得體諒對方試圖戒菸的無謂嘗試。那些事情雖然親密，卻不神祕。

　　因此，「以愛情為開始的婚姻也就變了質⋯⋯，成了友好的共

有財產關係，成了兩個自以爲是的人組合而成的法人關係：共組家庭。在夢醒時分，當事人回想起以前的感覺，因而做起美夢來，覺得新伴侶可能可以滿足他的渴望。」（弗洛姆）[329]

如此循環不斷，像小蒼鼠的滾輪一樣。重新開始一段新的關係，將會帶領我們回到以前的起點：關係變質的開端。我們可以重新走一回，或是再度很驚訝爲什麼關係穩定以後一切又改變了。分分離離，每次都椎心刺骨。蒙田說：「失去的痛苦有多大，害怕失去的痛苦就有多大。」[330] 開始是妒火中燒，然後是分手的痛苦，最後只剩下恨意。

「不管是老實人、友善的人，或是有教養的人，人們一離了婚，就搞得鳥煙瘴氣，波及到他們所接觸的一切事物。一旦關係破裂，親密空間和共同生活的信任頓時成了邪惡的瘴氣，成了關係破裂的理由。人們的親密關係是體貼關心，是寬容和忍耐，是個人的避難所。當那親蜜關係被扯裂時，自然會露出軟弱的一面。離婚時，那一面難免會暴露出來，於是他們開始清算信任感的存貨清單，原本是關懷的表現，原本是和好的形像，突然都變了質，露出邪惡、冷漠、破壞性的一面。離婚後，教授闖入前妻的屋子，竊取書桌上的物件；得到豐厚贍養費的女士誣告前夫逃稅。」（阿多諾）[331]

強烈的情緒會牽引其他情緒，即便它是相反的情緒。由愛生恨尤為強烈。我們該感謝弗洛姆，他說：「人類變得更清醒，更現實。許多人不再將性的吸引力和愛混為一談，卻認為友好而保持距離的伴侶關係等值於愛情。這種新的看法雖然能讓人更加坦誠相見，卻也讓人們更頻繁地更換伴侶。（但是）它卻不一定會讓人們更容易找到所愛。」[332]

在沒有惜物觀念的消費社會裡，愛情究竟意味了什麼？我們匆忙而廉價的消費方式，難道不會對我們的愛情觀產生一定的影響嗎？「在高度商業化的國家中，婚外情的趨勢逐年增加，這並不足為奇。現在的物質世界有百分之九十九的組成物必須每年更新。試想1947年出廠的汽車、冰箱或電視機在1950就被淘汰了，那麼忠實也早已被重新定義。忠實成了妨害生產的不良德行，當忠實就商品生產而言絕非美德的時候，卻要求人們把忠實視為德行，這不僅是在社會和心理方面的無知，也是不公平的事。」安德斯如是說。[333]

分手不再是歷程終點唯一而痛苦的（必然）解脫，而是每次消費的核心活動。在消費取向的生活裡，分離是必然的過程；優格、電動玩具、汽車、愛情，都是用過即丟。不斷的重複減輕了分離的痛苦，一切都成了生活常態。

「我們能期待每三年就急於換新車的路人甲對他一、二十年前所選擇的老婆類型感到滿意嗎？1935年的最新機種，現在完全落伍

了。那麼她不早就成了在這個快速變遷、崇尚流行社會裡的老古董？成了誤入花花世界的異形？更換的速度越快，她似乎也老得越快，變得越無趣。這也是抗老化保養美容的市場[334]在各大城市所看到的商機。當然不只是男人眼中的女人，女人眼中的男人也是如此。長話短說，消費速度的加快摧毀了婚姻體制。」[335]

「伴隨婚姻而來的負擔是沉重不堪的。」──教皇英諾森三世[336]

婚姻是惱人的折磨

在大都會裡，社會習俗比在鄉間更讓人難堪，越來越多人選擇不婚。市政廳的繁複手續、教堂的儀式、嫁給或娶到一個需索無度的老公或老婆，對現代都會人來說，負擔都太大了。然而，越來越多的人雖不想生小孩也無意結婚，卻不反對使用對方的性器官，也不排斥來一段無負擔的友誼、一起旅行，或欣賞一齣醉人的戲劇。

對某些人來說，生兒育女是自找麻煩，光是從投資報酬率來看，養兒未必能防老，奧地利諧星約瑟夫‧哈德爾（Josef Hader）認為，兒女最後還是會把父母送進養老院，從不探望，父母的墳墓大概也只願意付五年的管理費。當然，聖誕佳節時，有小孩陪伴是挺不錯的，但是難道就為了一年中的這幾天？

　　現代人只要輕鬆不要負擔。養小孩得花錢，陪伴侶得花時間，這是嚴重的資源分配問題。安娜伊絲・寧（Anaïs Nin）說：「由於我們居無定所，只是人生的過客，以至於沒有太多時間可花在處理人際關係的問題上。」生活步調的加速，使得我們沒有足夠的空間去容納他人。「大眾媒體對此也貢獻良多，它讓人的感官遲鈍，給我們一種幻覺，誤以為始終與全世界……有聯繫。」|337|

　　誰知道婚姻會帶來什麼？誰又能肯定，當婚姻危機首次出現時，例如在看電視、燙衣服、刷牙的時候，不會悔不當初嗎？會不會有一天，站在鏡子前，手中握著牙刷悲傷地自問：「我到底在做什麼？」突然了解到，買進的結婚交易不是那麼快可以脫手。因為從表面上看來，婚姻只不過是一張契約。

　　蒙田說：「婚姻只有在開始時是自由的，而婚姻的維繫則是身不由己的，取決於我們意願以外的東西。」|338|這難道不是個不婚的好理由？「此外，婚姻還會遇到出乎意料的問題，足以導致模糊心裡的情感，讓關係破裂。」|339|最壞的結果：「簽訂契約的目的，往往不是為了愛情的實踐。」|340|然而，我們不是在愛情的鼓勵下才簽下了結婚證書嗎？真倒楣啊。

　　「『娶了妻的人，是為世上的事罣慮。』（《哥林多前書》7:33）在牽掛和義務的牽扯間還必須擔心所有的事情……所以使徒說：『這等人肉身必受苦難。』（《哥林多前書》7:28）」（教皇英諾森三

世）｜341｜

　　如此重大的苦難，當「我們所習慣的一切像蜘蛛網一樣越來越
緊地」牽絆我們，我們同時察覺到，「蜘蛛網變成了絞索，而我們
自己成了中間的那隻蜘蛛，動彈不得，只好吸自己的血。」（尼采）
｜342｜我們不是已經夠倒楣了嗎？永遠的輸家，壓迫感油然而生。除
了離婚，我們還有其他選擇嗎？或是更淒慘的，只能等待著絕望而
了無生趣的老年生活。

　　尼采說：「所以所有的自由思考者都痛恨習俗和規則，厭惡所
有持久和確定的事物，也因此自由思考者忍痛撕裂它身邊的網，當
然它將遍體鱗傷地承受痛苦，因為每條絲線，它都必須由自己，從
肉體，從精神上去撕破它。」｜343｜

　　言歸正傳，有意的放棄婚姻也是一種犧牲。忍痛拋棄了或許不
需要割捨的東西，還必須注意不能因此流血致死。那已經夠糟糕的
了。然而，和某個人太親密豈不是更悲慘嗎？這難道不是件痛苦的
事？甚至比逝去的愛情更痛苦？

　　尼采說：「與一個人太親密，就好像我們不時用手指去摸一幅
絕妙的銅版畫。總有一天，在我們手裡只剩下一張骯髒破爛的紙。
人的心靈也會因為不斷的傷害而蒙塵。至少在我們看來是一張骯髒
的紙，無法辨識它原來的痕跡和最初的美麗。在與女人或朋友過於
親密的交往當中，人們總是在失去，最後還將失去生命之珠。」｜344｜

「自由思考者是否能與女人共同生活？基本上，我相信，自由思考者
有如古代能預言的鳥一樣，是現代的真理探索者和真理主張者，他
們必須獨自翱翔。」|345|

　　獨自翱翔是非常美好的事。可惜沒有人可以與你共享寂寞的快
樂。齊克果對於單飛的鳥頗不以為然：「結婚的決定是正面的決
定……不結婚同樣是一項決定，決定不履行婚姻的義務。……結婚
的正面決定有個好處，它讓一個人的存在更為實在，個人可以在其
中找到安寧，其他負面的東西會漸漸離去。負面否定的決定總是比
正面肯定的決定更為吃力，它無法成為慣例，必須時時小心加以維
護。……負面的決定不會保有人類，而是人類必須實踐它。不管好
運跟他多久，不管他是否覺得重要，他無法否認這一切都可能在來
日突然改變。經由負面的決定，人的存在只是假定性的，非現實
的，從假設的觀點來看，它是未完成的，直到能夠對所有的現象加
以解釋為止。」|346|

　　是的，我們可以堅守不婚的負面決定，「只是有個差別，這種
堅持沒有報酬，只有枯萎的榮耀，如同單身漢的生活那樣一無所
有。忠於負面決定是一種偏差，到頭來只有以悔恨來答謝這種堅
持。當正面的決定穩定而歡悅地成長，歡悅地與太陽一起起床，歡
悅地從停止的地方重新開始，歡悅地看四周的事物成長茁壯，如同
為人丈夫一樣，日復一日證明了，這一切不需要證明（因為正面的

不是假設，因此不需被證明）。做出負面決定的人，夜裡輾轉反側無法成眠，突然被驚醒，他選錯了，筋疲力竭地醒來，只見空無一物的荒原，他無法成長茁壯，因為他不斷地漂泊。」[347]

　　齊克果說：「我認為婚姻是個人存在的終極目的（Telos），因為結婚的人將他整個世俗的存有一筆勾消，只保有永恆以及心靈的興趣。當然，它乍看並不簡單，而經年累月以後更加辛苦，它或多或少代表了不幸福的存在。」[348]

　　不管有沒有結婚，都可能失敗。這點我們很清楚。結婚與否，懷疑始終伴隨我們，也就是說，我們始終會後悔，沒有作出相反的決定。但生命的價值只能從婚姻與愛情或兩者去衡量嗎？婚姻和愛情不是我們不應該小題大作的東西嗎？不管結婚與否，愛情和婚姻的洶湧波濤總會風平浪靜。難道在生命裡沒有其他更重要的事嗎？

第六章

公民秩序

我們生存在各種不同的網絡之中，有思想的網絡、親戚的網絡、社會和宗教的網絡。視觀察的角度而定，可以說這些網絡接納了我們，或是讓我們受到牽絆舉步為艱。這些網絡自有一套秩序原則，我們必須先學習如何應用。我們需要規範，即便只是為了打破規範。

「不是因為害怕，而是出於責任感，人類必須小心不要誤觸法網。」|349| 希臘哲人德謨克利特（Democritus）以此告誡世人維護秩序的重要性。我們應該遵循一定的規範，並不是因為我們害怕上天的報應或是斷頭臺的威脅，也不是畏懼處罰，而是我們視遵守規範為對社會應盡的義務，這種社會義務正如同參與選舉投下神聖的一票、讓座老弱婦孺、行車不搶道、多生或是少生孩子（視個人生活環境而定）、為祖國不計代價地犧牲奉獻。

對於這類社會義務，今天的歐洲人往往嗤之以鼻，因為在思想上主僕關係早已翻轉，不再是人民應該效忠祖國（藉由勤奮工作或生育報國等等……），國家才應該是孕育個人主義的溫床。國家必須盡可能提供個人一塊柔軟寬廣的沃土，讓每個人依照興趣與才能自由發展。我們想要的是一種極度的個人主義，但若以現有人口數加減乘除一番，個人主義勢必會以災難收場。個人的極端自由是無法合理化的，國家必須從社會整體的角度進行考量。

有一點是可以確定且令人安心的，公共道德始終比個人所想要

的穩固得多。由於秩序原則必須先被瞭解，然後才會被遵守，因此越清楚、簡單、一致越好，這也是天主教教會成功的祕訣，它不會朝令夕改，因而屹立不搖，至於改革則是信徒個人的事。

　　儘管一個社會是由多數烏合之眾所組成，這樣的社會還是有一套嚴密的道德規範，因為邪惡不可能成為社會原則，它頂多屬於個人原則，只是例外狀況，絕非常態。

　　若以微觀的角度審視生活，個人將發現社會規範是雙重道德，而隱匿且靈巧的個人原則，總是讓過時的公共道德可憐兮兮地在後面追隨著。若以宏觀的角度審視生活，則會看到集體因個人主義的伸張而導致解體。規範是凝聚群體的束縛，它試圖匯集個體叛逆的曲折支流，河堤的崩潰即意味著社會整體的土崩瓦解。這是公民秩序的兩難。

　　道格拉斯・霍夫斯塔特（Douglas Hofstadter）指出，如果我們都不遵守公眾秩序的遊戲規則，每個人都會是輸家。「當相關人數到達一定程度的數量時，儘管這不易察覺，那麼看似高度個人的決定將成為具代表性的典型，且會不斷重複出現。就好像每對夫妻都覺得……要生幾個孩子是個人的私事，但這想法其實和人口暴增（或人口銳減）的現象息息相關。」｜350｜

　　對於所有我們以為，只有我們這麼想的事情，都應保持懷疑的態度。儘管理由聽來不是那麼順耳，但如果連我們都能夠想得到，

那就必須承認，別人肯定也會這麼想。我們並非如自己想像的那麼獨一無二，我們必須接受自己是整體的一部分。想透過特立獨行和奇裝異服的方式來彰顯自我個性的人，很快便會找到眾多志同道合的夥伴，因而大失所望。即使是叛逆也有特定的規則。

對市井小民而言，蘇格拉底關於幸福生活的提問有其切身性。「我要如何過生活？在義務和個人喜好之間如何取捨？我想要，（客觀看來）循規蹈矩完成身為人的任務？還是，我想要（特別是）隨心所欲的快樂生活，以實現主觀意願為優先考量？這很有可能會讓我陷入兩難（尤其在性愛問題上），我應該忠實、有責任感、值得信賴，但是欲求不滿，因錯失良機而黯然神傷？還是，我應該追求個人性福、快樂滿足，但是背叛、不忠，當個背信忘義的感情騙子？」[351]（法蘭克・猶奧金〔Frank Joachim〕）「一邊是追求個人幸福的人，另一邊則是追求團體幸福的人。這兩種理性的典型自始至終處於無法化解的衝突中。」（霍夫斯塔特）[352]

霍夫斯塔特認為，從啟蒙的中產階級觀點來看，一味追求個人幸福是不理智的。自我觀察同時也意味著對整體環境的觀察，如果發現自己錯失良機去做自己想做的事，而其他的人都在做，那麼我們也會對其他人深感失望。[353]「上帝看不到你，但是市場調查無時無刻不在觀察你。你每一分每一秒如何決定你的生活與存在，並非無足輕重。它不是無所謂的，要知道啊，你是具有代表性的。」

（柯依瑟爾〔Koisser〕） [354]

　　自由意志總是要違反一下現有秩序，否則它感受不到自由之身。沒有比掛著「禁止入內」牌子的門，更吸引人想進去。古代基督教哲學家和主教奧古斯丁便曾痛苦地坦誠道出：「我並不覬覦所偷的東西，而是爲了享受偷竊和犯罪。……我愛墮落，我愛我的罪惡，不是罪惡的結果，而是罪惡本身。」 [355] 在百貨公司順手牽羊、劈腿炒飯，這些行爲本身就極具誘惑力，更遑論它們可能帶來的具體好處。理由很簡單，藉此我們踰越了公民秩序，並冒著東窗事發的風險，讓個體自尊得以維繫。

　　誡律總是一種恥辱。我們會想去做某件事，因爲它在我們看來是必要的，而非上級機關要求我們這麼做。心理學家舒慈・馮・圖恩（Schulz von Thun）便說：「命令是對個人獨一無二體驗的竊取。」 [356] 一個在母親節當天決定要整理房間的小孩，如果那一刻有人對他喊道：「你到底什麼時候才要整理房間啊！」眞的，沒有比這更令人難堪，整個行動頓時變得毫無價值，並讓心理蒙上一層陰影，小孩也不會去整理房間了。

　　每個人都希望有一套普遍的秩序，同時卻也希望秩序能對他網開一面。猶奧金遺憾地指出：「那些專家知道，就像物理上常見的現象，我們無法同時對不同物體作最大化。」 [357] 這說明了個人與社會道德秩序之間的緊張關係。啊，眼看來不及了，那就取道公共

草坪吧，並且不忘譴責世人缺乏公德心，任意踐踏草坪而讓綠地體無完膚。社會需要人口，個人卻想過沒有小孩負擔的日子；社會（和伴侶關係）以忠實作為穩定的基礎，個人卻不想認真面對這件事。

　　對小老百姓而言，出軌只會讓生活更形艱困，因為偷情也需要時間，那可是盡忠職守的人所欠缺的！市井小民若要劈腿享樂，鐵定會不守本分，無法善盡義務。伴侶關係之外的偷歡，將讓人怠忽了對家庭、對工作的責任。由此可見，狎玩娼妓對男人而言可是很經濟的。人類（就說是男人好了）早知道如何抗拒物理原則並另闢蹊徑，好讓「魚與熊掌」兼得，即使無法最大化，也要找到之間的平衡點，個人享樂與家庭義務，缺一不可。

「倫理上的義務就在於締結婚姻。」——**黑格爾**[358]

婚姻作為一種社會手段

　　結婚的一個好理由是希望婚後享有公民社會提供的各項優點與保障。婚姻始終具備了某種說服力，尤其受到公眾的認可。結婚代表對社會、國家，或概括而言，對合法性的認同，希望能夠共襄盛舉，一起享有這個世界的資源。

「請容我介紹一下,這是我內人(外子)。」餘音迴蕩在社交場所中,甚是美妙,引人側耳傾聽。啊,他們是一對,這宣告了兩人願意共同生活,有福同享,有難同當,直到死亡將他們分離。啊,他們是一對,這表明了兩人願意共同累積和管理所擁有的財產。令人肅然起敬的一句話,如果婚姻生活幸福美滿的話,更能贏得世人的尊敬。

哲學家黑格爾寫道:「那是愛的倫理性、高度的矜持和對於純粹本能衝動的鄙視」,他繼續解釋,在婚姻中,「透過日漸確定的精神意識而昇華爲貞節和端莊。」|359| 端莊的眼神,嚴正的意圖,加上經濟的力量和社會的聲望,構成了世俗婚姻,「一夫一妻制是共同體的倫理性所依據的絕對原則之一。因此,結婚被視爲神聖的時刻,或是英雄的建國事業。」(黑格爾)|360|

作爲穩固國家與策略性的結合,作爲「根本的倫理關係」|361|,婚姻也涉及法律。在婚姻合法性的保障下,夫妻之間若發生衝突,雙方均擁有相當的法律資源可以據理力爭。在婚姻中,夫妻創造了下一代,爲國家培育出良好公民,而婚姻的合法框架也將代代維繫下去。正因爲流傳範圍之廣泛與普及,婚姻制度形成一股強大的力量,不僅與統治階層息息相通,也被教會賦予了濃厚的宗教色彩。合法化的婚姻具備了秩序架構,得以將所有放蕩不羈的情色與狂野行徑轉化爲崇高聖潔。

　　黑格爾認為，只有透過這種方式，性事的道德性才能得到公眾的認可。想要參與其中，別無他路，「倫理上的義務就在於締結婚姻。」│362│其他形式的性關係都被視為不合法的而遭鄙棄，並被視為不道德的而被拒絕。

　　羅馬哲學家兼詩人西尼加（Lucius Annaeus Seneca）提到，道德上的善是高尚、宏偉、莊嚴、永恆不墜、孜孜不倦的；欲望則是奴役般低賤、軟弱無力的，只能寄居在妓院和聲色場所。在廟宇中、論壇前、集會上或是圍牆外，我們發現了美德，它風塵僕僕，臉頰被曬得黝黑，雙手長滿了厚繭。欲望則隱藏在黑暗的角落裡，它棲身於澡堂、三溫暖或是那些害怕警察臨檢的地方，它是陰性柔媚、慵懶酥軟、伴著飲酒作樂的，不管是濃妝或淡抹，都像塗抹了藥劑。最高的善則是不朽的，永不腐敗，不厭倦也不悔恨，因為真理永恆不變，它不會違反自己意願，因為至善未曾改變過。│363│

　　這才是正確的。羅馬皇帝奧里略（Marc Aurel）補充道：「如果你想要善盡義務，那你毋須追問，你是否在寒天裡凍得發抖，在溽暑中熱得發昏，你也毋須追問，你是否感到疲倦，是否睡得安好，毋須在乎別人在你背後說長道短，更毋須追問是否惡有惡報，是否要為你的行為舉止受苦受難，即使死亡也只是生命中眾多任務之一。如果你想要善盡義務，只須在面對它們時，舉止合宜地完成任務，這樣就夠了。」│364│

結爲夫妻，直到死神把我們分開，有意識地善盡婚姻的義務，不論代價多高，不管結果如何，這就是世俗婚姻道德性的所在。

「你夠資格想要一個孩子嗎？」——尼采 [365]

繁衍後代的義務

「人類心目中履行婚姻義務的理想方式爲，不必擔心生育的問題，盡情享受甚至濫用爲了繁衍後代而存在的欲望本能。」[366]

今天這番話必定能獲得大多數人的認同。對於生兒育女之事，現代人感到戒愼恐懼。上述那段話出自盧梭之筆，寫於1762年。近期的調查結果再度證實他所言不假。在德國，婦女一年平均生下1.4個小孩，爲了穩定人口數，出生率的數據必須維持在2.1。距離上次1992年的調查，不想生小孩的人數多了一倍（女性由9.9%增加到14.6%，男性則由11.8%增加爲26.3%）。德國前內政部長謝里（Otto Schily）評論道：「拒絕小孩就是拒絕生命。」

根據最新的調查結果，許多年長者表示，等到自己年老體弱時，希望盡可能在家中安享天年。[367] 這不禁教人反問，在人口簡單的家庭中，誰能幫助老年人達成心願呢？

令人略感安慰的是，另一份關於家庭史的研究指出：「婚姻危

機並不等同於家庭的解體。相反的，這似乎可以強化親戚網絡，有利於家族的延續。由於小孩大部分由母親撫育，這很有可能形成母系氏族。」[368] 在高離婚率的社會中值得觀察，人們對於誰是親戚，誰不是親戚，這個認知也在轉變中。由於近親的人數很少，爲了不使自己的社會網絡匱乏，親戚這個名詞得從廣義來理解。

正如《家庭史》一書所言，親屬關係已成爲一種社會現象，由於眞實親屬關係的縮減，一種假想的親屬關係取而代之。[369] 友誼取代了血親，個人人脈網絡的建立顯得十分重要。同時，父系流傳下來的家族史將演變爲母系氏族，因爲母系往往是「拼裝家庭」中唯一持續長存的關係。

「出於愛情的婚姻，其締結是爲了種屬，而不是個體利益。雖然當事人誤以爲在謀求自己的幸福，但他們並不了解眞正的目的，那是要創造一個只有經由他們才能創造的個體。」[370] 叔本華如此寫道。不過，就在種屬的任務還沒有完成以前，婚已經離了。今天生活在歐洲的人已經不明白什麼是種屬精神，什麼是個人對社會的責任。責任感早已隨家族的萎縮而消失，家族正是個人社會責任的起點。自我孤立的存在體簡單好辦，但是個人行爲所帶來的後果會成爲後代子孫的沉重負擔。歐洲可能消失，但我會先死，這就是典型個人主義的想法。

盧梭說道：「這種因循苟且的態度，再加上其他促使人口減少

的種種原因，已向我們預告了歐洲未來的命運。它所創造的科學、藝術、哲學和道德即將把它變爲一塊荒涼的土地。到時遍地猛獸橫行，各民族之間也不會存在什麼太大的差異了。」[371] 如果我們不遵循公民秩序（繁衍子孫的世代契約），我們將與野獸無異。

歐洲的荒蕪景象也許有些戲劇化，但是加徵那些膝下無子人士的所得稅，不僅無益於重新建立責任感，反而會被誤解爲是一種贖罪，並讓人心甘情願地付出。其實，問題的癥結在於，人與人之間的愛意究竟有多深刻，人對永恆的期望究竟有多強烈。生兒育女帶給爲人父母者的歡樂，自然無法與買下一輛保持捷Boxster敞篷車相提並論，後者往往占盡優勢。但是孩子會激發我們內心前所未有愛的感受——無條件的愛。生命中所有行動的目的逐漸在那惹人愛憐的小小軀體中成形了。只有這種愛才能激發個人生兒育女的願望。

一種責任感油然而生，不是對國家，而是對襁褓中幼小心靈的責任感。在這個感性的時刻尼采丟出一個問題：「我將這個探測器似的問題擲入你的心中，去衡量它的深度。你年輕，老是渴望著孩子和婚姻，不過我要問你，你夠資格去擁有一個孩子嗎？」[372]

刀劍般尖銳的問題。我當然夠格！我夠格，因爲我想要孩子，我夠格，因爲我具備生育的能力。

你是個勝利者、自制者、情欲的支配者、道德的主宰者

嗎？

我如是問你。

這是你的願望？還是你獸性的盲目需求在傾吐？

或者是你的孤寂、對自身的不滿？

我誠願，你的勝利與自由渴望一個孩子，

爲你的勝利和解放立下一座活生生的紀念碑。

你應當超越自我，但你必須先建樹自己，使身心臻於完美。

你的傳嗣不僅向前，而且還要向上，就讓婚姻的花園助你一臂之力吧。|373|

　　小孩是我們自由的活生生的紀念碑嗎？我們是否未經深思熟慮就生下小孩？還是一切按照計畫進行，滿心期待？我們想借此來「挽救」一段關係嗎？來填補生命的空白嗎？還是只是爲了度過美好的午後時光？小孩是否只是個人生活所需的玩物？

　　在關於婚姻的章節中，根特・安德斯語帶嘲諷地指出，忠實的觀念在消費社會中早就變質了，並且被視爲一種陰謀。然而，無論如何不該指責小孩，小孩無罪，他們理應得到父母的忠實對待。我們希望傳授小孩愛人的能力，「給他能量和激情，他什麼都做得到。」（齊克果）。這是爲人父母的責任。但當成年人的愛情關係開

始失控時，這一切便蕩然無存。「不是大部分的婚姻都不希望第三者的見證嗎？但很少婚姻沒有第三者的見證，那便是小孩。小孩不僅是婚姻的見證也是代罪羔羊。」（尼采）│374│

當然，在某些極端的狀況，比如婚姻暴力、虐待、無法消弭的誤解或夫妻之間水火不容，為了孩子好，是該結束這段關係。然而，通常結束一段關係的原因往往微不足道，例如爸爸愛上了鄰家的女人。此時，作為婚姻見證的小孩感受到的是，也是我們常見的，家庭寵物一旦失寵，就遭放逐街頭，任其自生自滅。

孩子的心靈被放逐街頭了。有了孩子，出軌的味道嚐起來就不太一樣。如果一不小心愛上別人，為人父母的責任便與個人幸福的權利起了正面衝突。我的心該何去何從？有可能是丟下一堆爛攤子，也有可能是自掘墳墓。我們不該只是一味隨心所欲。就像泡茶要懂得拿捏，浸得太久的茶包，是該拿出來了，否則只剩下苦澀的味道。

在夫妻情欲的波動中，小孩的心靈究竟有多堅強？他們會就此溺斃，還是隨波逐流？

不，我不喜歡那個充斥著多餘之人的天國，
不，我不欣賞這個被天國之網纏住的動物。
願上帝不要接近我，他跛著腿來祝福那些不是由他匹配的

人。

請別嘲笑這樣的婚姻，哪個孩子沒有為自己父母親哭泣的理由呢？|375|

根據叔本華的看法，兩人攜手共度餘生是件大事，加入小孩後的三人世界，必定更加複雜。今天的歐洲已經解體為兩個陣營，其中一個不僅完全謝絕三人世界，甚至也不願享有兩人世界。另一個熱切期望生兒育女，卻心有餘而力不足。不育的問題在工業高度發展的國家變得非常嚴重，並引發了新的問題：「如果小孩不是經由父母雙方，而是透過代理孕母以人工受精的方式所產生，生母和新生兒永遠分離，那麼家庭這個社會組織會變成什麼？……後世會變得怎樣，如果生兒育女，必須有雙親之外的第三者參與其中……？」|376|

這很可能會造成一種新的出軌形式，倒不是因為被愛沖昏了頭，而是基於叔本華所謂的物種精神。女人出軌（甚至受到丈夫的鼓勵），尋歡作樂之際順便尋找精子捐贈者。對某些人來說，這比起接受醫學上的人工受精，過程簡便且經濟實惠多了。對以生兒育女為做愛目的的天主教教會而言，這種出軌豈不恰好吻合其教義。|377|如果大功告成，化解了世俗義務（傳宗接代）與不道德（性愛不忠）之間的糾葛，對個人和社會而言都是令人滿意的結局，皆大歡喜，

那還有什麼好抱怨的呢？只不過是自然再度戰勝了文化，而根據達爾文適者生存的原則，自然界本來就不知忠實為何物。要知道，在動物世界中，一夫一妻制只意味著雌雄共同生活，至於孩子是誰的，這一點並未提及。[378]

　　公民秩序只會因時制宜，並不會消失。傳統的家庭制度或許有可能廢除，但會區分其功能，予以重新分配，而一般的風俗規範也將更行複雜。

「人類最初是勞動的動物、辛勤工作的動物，並屈服於工作之中，出於這個理由而必須放棄他部分的享樂。」——巴塔耶[379]

工作、性生活和性交易

　　根據金賽性學的第一篇報告，人類每週高潮的平均次數遠遠少於七次，那是類人猿的一般頻率。金賽報告認為，超過這個次數可以稱為較高頻率。只有少數人能夠達到這個次數，除此之外這還與文明化程度有關，報告中指出性高潮頻率的狀況為，幫工15.4%，非專業資格的工人14.1%，技工12.1%，低階白領階級10.7%，中階白領階級8.9%，影響力較大的職業則回升到12.4%。巴塔耶解釋這個現象：「在晉升領導階層之後，高潮次數回升的意義從一開始

便是顯而易見的，與其他先前的階級相比，領導階層擁有更多過剩的精力，多於勞動階級。這也平衡了他們比其他階級更文明化的事實。」[380]

金賽性學也報導了另一項值得注意的例外狀況。巴塔耶的評論為：「只有在不事生產的『下層社會』（underworld），他們的行為舉止才完全合乎所謂的人性傾向，頻率為49.4%。」[381]「原因就在於勞動，勞動的本質和角色是非常明確的，透過勞動人類得以掌控物質世界，透過勞動，人類也成為物質世界的一部分。……對人類非常重要的勞動，顯然與人類的動物性相對立。」[382]

巴塔耶也提到：「人類最初是勞動的動物、辛勤工作的動物，並屈服於工作之中，出於這個理由而必須放棄他部分的享樂。對性事的限制，並不是隨意的。每個人都擁有一定總數的能量，如果他把部分能量花費在工作上，就必須減少部分的性愛享樂。也因此，在所謂人性、非動物性的勞動時代中，人性把我們化約為物品。動物性才是保有我們主體存在價值的所在。這個關聯值得我們更深入地探討：動物性或所謂的性愛享樂在我們自身之中，通過它們我們才不至於完全物化。反之，以勞動為特徵的人性，為了服務勞動時代，以將我們物化為目標，代價就是要我們捨棄性愛的享樂。」[383]

通過人類特有的勞動，我們學會了如何去控制其他事物，然而結果是，我們自己也被物化了，我們失去的「主體存在價值的所

在」，只能以反人性的性愛享樂方式，重新獲得。以工作爲義務的中產階級生活和性生活，兩者相互牴觸，水火不容。一旦人類對外物具備了某種義務，主體存在的價值所在就無從展現。

爲了紓緩這種狀況，爲了讓動物性得以發展——至少對男人而言，至少在特定的時間內，至少外表看起來如此——早在數千年以前性交易便應運而生。它使以動物性的形式享有直接的主體性成爲可能，而不至於損害道德規範冠冕堂皇的外觀。西蒙・波娃指出，基督宗教雖然鄙視嫖妓，卻也認爲它是必要之惡。聖徒奧古斯丁便寫到：「壓抑嫖妓，激情的暴力將一發不可收拾。」|384|

性交易有助於公民秩序的維護，對此叔本華也表示贊同，因爲歡場女子「具有公眾認可的地位」，這是有其特殊目的的，如此能「保護受到命運眷顧的婦女，不管已是名花有主，或是令男人有意追求，不至於受到誘騙。光是在倫敦，就有八千人左右。……這裡所提到處境不利的青樓女子，對於自命不凡且高傲的歐洲名媛而言，正是她們的對立面。」|385|

西蒙・波娃寫到：「對膽怯拘謹的清教徒而言，妓女是邪惡、恥辱、疾病和詛咒的化身。」妓女讓清教徒「不寒而慄，並且深惡痛絕」。即使在擁抱時，男人也感受不到自己是她的擁有者，因爲他只是受到肉欲惡魔的支配。相反的，在肉體上感受不到這種「聖潔羞愧」的男人，則深愛妓女大方且淋漓盡致的演出，在妓女的身

上，他看到了一種「道德無法損害的女性之美的提升」。[386]

　　如果這樣的男人和一個自命不凡的高傲女人結了婚，悲慘的後果不難想像，至少我們可以猜測到，在老婆身上，他絕對體會不到那種「道德無法損害的女性之美的提升」。相反的，如果丈夫成天為了維護社會規範、養家糊口而勞碌，女人也會出外找樂子。但是不管是採取哪種手段，如西蒙‧波娃所說：「外遇、友誼和豪華奢侈的婚姻生活，只是消遣娛樂。」這些讓人比較能夠承受婚姻的強制性，卻無法解除它。這只是女人想主宰自己命運的歧途。[387]

第七章

幽默、平心靜氣和節度之道

.

　　長久以來，七這個數字便代表了安詳、穩重、片刻的中斷和沉思冥想。因此，本書的第七章，也就是最後一章，作用即在於喘口氣。到目前為止，本書馳騁於人類的內在感受之中，疾奔過了種種贊成或反對出軌的條件。你是否在這裡或那裡發現了自己？你是情欲的動物？還是認真負責的人？你極度害怕出軌所帶來的後果？還是激情當下，對你來說，一切都無關緊要了？

　　當然，這些只是加強修辭效果的明知故問，因為在字裡行間我們或多或少都會發現自己。「你清楚得很，人是持續的統一體這個觀點是錯誤的，這種想法會導致不幸。你也確切知道，人是由許多靈魂、由無數個『我』所構成的。想把人虛假的統一性從這無數的角色中抽離出來，簡直是瘋話。」赫曼‧赫塞（Hermann Hesse）《荒野之狼》一書中的演員角色一針見血地指出：「多樣性需要領導，需要一定的秩序和組織分類，否則就無法駕馭。」[388] 可能正是某種東西領導了我們內在多樣的混亂，不管是情欲本能、理性還是責任感。看情況而定，你或許會對本書某些段落點頭表示贊同，或是有所保留地快速翻閱過去。

　　「我們要讓那些經歷過自我解體的人知道，他隨時都可以任意重新組合分解的部分，以達到人生戲劇永無止境的多樣變化。」[389] 這是赫塞書中魔術劇場想要傳達的訊息。這無疑是個好消息，因為我們有能力改變現況，命運操縱在我們自己的手裡。

「人類之所以爲理性動物，就在於他具備了爲自己設立界線的能力，而不屈服於感官和欲望的希求，因爲感官和欲望兩者皆來自於動物的天性。理性要求主導權，使自己不淪落至它們的控制之下。」（奧里略）[390] 人類是不完美專家（米切利希〔Mitscherlich〕）[391]，身爲不完美專家的人類是一套自我運行的體系（貝特森〔Bateson〕）[392]。人類有能力排除他的欲望、情緒，希求和渴望，清心寡欲以達到心靈的平衡。在衆多可協調恐懼、需求和責任義務的策略中，幽默、平心靜氣和節度之道無疑是最文明的。

它們的共同點是平靜的情緒，具備了在某一時刻自省吾身、跳出既有體系和改變看事情角度的能力。而它們的特徵便是沒有或者能夠壓抑歇斯底里、暴力傾向和其他具破壞性的情緒。

西班牙巴洛克時期著名的作家巴爾塔薩‧葛拉西安（Baltasar Gracián）描述一名男子：「國王前後三次向他請教成功治國之方，他前後三次的答案都只有一個字：modus（節度）。」[393]

節度，聽起來不痛不癢，甚至帶有一絲苦行禁欲的意味，事實上卻非如此。那些要求絕對忠實的人還眞該跟嚴格的苦行主義者共結連理，因爲忠實含有禁欲的成分。不過，禁欲苦行並非節制的形式，而是對欲望的去勢。和主張禁欲的伴侶一起生活，大概就不必妄想能夠共進一杯醇酒，共度一段旅行或共享無所事事的悠閒時光（「酒足飯飽後，現在我們想去安歇了」，出自德國歌手、詩人、演員

康思坦丁・偉克〔Konstantin Wecker〕之語），卻可換得對方絕對的忠實。然而，節度是在兩個極端之間擺盪，試圖找出平衡點。「在此奉勸未來的新娘和新郎們，結婚之前少關心一點對方的星座，多關心一點對方縱欲與禁欲指數。」|394|

找到節度的準則便意味著擁有最大限度的內在自由。在極端狀況下（如禁欲和縱欲），武斷的教條控制了大局，非禁欲即享樂，只能二選一。然而，懂得拿捏分寸的人，不須要做任何抉擇。

就好像與蘇格拉底同期的希臘哲學家亞里斯提卜（Aristippos）一樣。人們責備他不該尋花問柳，他理直氣壯地回答，踏入妓院並非可恥的事，可恥的是進去了就出不來。|395| 亞里斯提卜與主張禁欲的戴奧吉尼斯（對，就是選擇住在桶子裡的那位）針鋒相對，流傳下無數發人深省的言詞辯論。戴奧吉尼斯指責他的同行：「如果你能滿足於清粥小菜的話，那麼你就不用受迫去服侍暴君。」亞里斯提卜回答道：「如果你懂得與暴君的相處之道的話，那你就不一定得吃清粥小菜。」|396|

亞里斯提卜可說是人生情趣的化身，並懂得如何不淪落為情趣的奴隸。義大利人克萊仙佐（Luciano de Crescenzo）稱此為「當下哲學」，然而，這種見解「在知識分子中難覓知音，反被鑄上玩世不恭的印記遭人摒棄，當下哲學也成了傷風敗俗與非政治行為模式的總稱。」|397|

　　在上一章我們已經看到，政治和宗教體系並不怎麼欣賞個人擁有太多的內在自由。從權力的角度來看，個人可喜的自我實現很快就會發展成有違道德的行為。從伴侶關係來看，如果男人不時出入聲色場所逢場作戲（當然不是想跟歡場女子常相廝守），又是另外一個問題。如同單一個人都是自我運行的系統，兩人世界的共同體更是無庸贅言，每段關係即使沒有成文規定，也都有一套自行訂定的規範，什麼是「可以做」與「不可以做」的遊戲規則貫穿了共同生活與彼此的關係，具有穩定整體環境的功效。

　　就像恆溫器一樣，一段關係的模式也會隨著環境條件的改變而自行調整。關係降溫了，便開啓暖氣，直到溫度又達到均衡點爲止。自動調節功能會失靈，多半是設定的問題，然而，設定是隨時可以改變的，如同每個恆溫器都有個控制箱可供人調整。|398| 這聽起來稀鬆平常的見解，在一段關係中卻常常是出人意表的眞知灼見。對此，心理治療師鐵定能夠發表長篇大論，說明個體往往不把自己看成是伴侶關係體系的一部分，認爲自己不過是個旁觀者，而這段關係可對他（她）爲所欲爲。

　　精神科醫師傑克森（Don D. Jackson）表示：「在一段關係中，不會只是單方面感到不滿意、不平衡或枯竭的。」|399| 就好比恆溫器壞了，整棟房子變得冰冷，住在屋裡的每一個人都會感覺到。問題是該如何處理？趕快一起調整恆溫器的設定？向對方大

喊：「快！我需要更多的溫暖。」還是立刻把過錯推到對方身上，是他讓氣溫變冷的，彷彿自己全然沒有察覺到關係的逐漸降溫，而不必負任何責任。這一套尤其是在另一半為了尋求溫暖而開始在外捻花惹草時特別管用，此時原因和結果已經很難釐清。在一段關係中我們最常聽到於事無補的因果論調就是：「我對你冷淡，因為你老是搞外遇！──我會外遇，都是因為你冷落了我。」這就足以讓人輾轉反側，徹夜難眠了。

全體大於部分的總和，換言之，全體是相互作用的連續，這也使得想在關係中嗅出破裂的明確原因成了一件沒有意義的事。外遇往往沒有內在關係的原因。外遇的發生只是赤裸的本能欲望、適當的時機，和一時放縱心理的作祟。

所幸，誠如康德所言，婚姻關係在法律上包含了贏回對方的權利。「已婚的雙方，如有一方迷了路，或為他人所占有，另一方有資格在任何時候，無須爭辯地把此人搶奪回來，好像這個人是一個物品。」|400|「迷了路」是客氣的說法，在這棘手嚴肅的話題中帶有些許息事寧人的意味。因好奇而偷腥總有一天會迷了路。此時，能有個伴侶引導自己走回正途，不是件美好的事嗎？

語言創造了現實界。性格剛烈的人會說這分明是「詐欺」。小心，這就構成了刑法上的相關犯罪事實，可開不得玩笑。你唬爛我，欺騙我，背叛我，聽起來茲事體大，傷害人心。對於這種強而

有力的指責，人們試圖以柔性的詞彙「出軌」一語帶過。望文生義，出軌一詞同時也說明了事件嚴重性的程度：一個不小心偏離了軌道，但是——趕快地——又回到了軌道上。這聽起來反倒是像一種體能練習，每個人都可以如康德所言不小心「迷個小路」，這並非有意識的偏離，而是小小的迷失，完全無辜的。關於出軌的概念，法國人發明了最不具殺傷力的表達方式voir à côté?（左顧右盼）。這樣一來，連軌也不用出了，連路也不必迷了，只是做了一個無關痛癢的頭部運動。

　　一段關係中的論述倫理和運作規範會決定用哪個術語來陳述相關事件，決定該在哪個意義層面上加以辯論。可以想見的是，如果一方節度行之有年，另一方便可能以幽默和心平靜氣的態度結束這場遊戲。當然，如果恆溫器壞了，也會把整棟房子毀掉，寧為玉碎，不為瓦全，這不失為解決問題的方式之一，甚至是個頗受歡迎的方法。

　　除了語言，各種文化也創造了我們的現實界。在歐洲，人們生活於一個嚴格二分的思維環境中，習慣用二元對立的方式思考事物。所有的一切，非此即彼：不是好的就是壞的，不是朋友就是敵人，不是健康的就是病態的。這不是亞洲社會所能體會的思考方式。亞洲講究陰陽的調和，如果陰陽能夠協調，便可以感受到身心的健康，一旦偏差了，就必須設法補正，以便重新獲得身心的平

衡。這也意味了，我們始終都帶有一點「病態」，在病態中又不失「正常」。問題的關鍵在於找到平衡點。

作為忠實的伴侶我們始終有那麼一點的不忠，反之亦然。我們與陌生人的眼光調情，盯著對方健美的臀部遐想，向某人頻送秋波，我們的想法千奇百怪，世界充滿了種種的可能性。

我們可以因為這些淫蕩的念頭和作為感到自責，我們也能夠以幽默和平心靜氣的態度淡然處之，有時光靠差勁的記憶力就夠了。「這是我幹的。」我的記憶說。「我不可能幹出這種事。」我的自尊心反駁，並堅決不退讓。最後還是記憶力屈服了。（尼采）[401]

「我認為，結婚以後，一個男人沒有變成幽默大師的話，他必定是個可悲的丈夫。」──齊克果[402]

幽默作為克服生活的手段

可以想像一段毫無幽默的婚姻嗎？我們不正是靠著詼諧的心境才能更坦然地面對生活瑣事？我們不正是通過幽默的影響才能跳脫無語問蒼天的處境？是否真有幽默無法化解的狀況？有些事情，特別是棘手的事，我們往往只能以開玩笑的口吻來談，唯有如此才能經受得起。若不是透過會心的一笑、淘氣調皮的微笑，或是縱聲大

笑，我們要如何克服生活中種種的不快呢？

　　齊克果寫道：「我認爲，結婚以後，一個男人沒有變成幽默大師的話，他必定是個可悲的丈夫，就同樣的意義而言，戀愛中人沒有變成詩人的話，他必定是個差勁的情人。」[403] 換言之，幽默爲幸福婚姻所內含固有。因爲，戀愛當下情欲所具備的「必要意義」，在婚姻中「以幽默的方式，成爲生活中寧靜滿足、舒適愜意的詩意表達」。[404]

　　第一次接觸時的情欲追求，在幸福婚姻裡，蛻變成了幽默的美感可能性。有什麼比兩人心有靈犀的默契更令人感到安心適意的呢？基本上，這不正是一種默許認可嗎？老實說，不就是因爲對於共享幽默的人具備了最起碼的喜好與愛意，才能一起開懷大笑嗎？如果婚姻中的所有問題都能以幽默來化解，都能共同一笑置之，這不正是成功婚姻的理想模式嗎？

　　尚・保羅（Jean Paul）把幽默理解爲「永恆性的反面表達」，並將其與作爲「永恆性的正面表達的崇高莊嚴」相對立。幽默的根源來自基督宗教中自我與世界的一分爲二，以及苦於時空的有限性，即人類存在無可避免的基本形式。幽默作爲此一情態的表達，作爲克服它的美學可能性，取決於我們與世界的整體關係，「幽默作爲崇高的反面，不會摧毀個體，而是透過與理念的對比摧毀了有限性。」[405]

　　你是否能和伴侶一起透過與理念的對比而摧毀了有限性？或是，你至少能對這無關痛癢的幽默定義發出會心一笑？太好了，這樣你獲益匪淺。無法與他人一起開懷大笑是件可悲的事，這意味著兩人缺乏共同的世界觀與黏合劑。德國當代哲學家馬爾克瓦德（Odo Marquard）補充道：「幽默說穿了不過是一種不計前嫌的修好形式，一種能夠在現實生活中創造和平的形式。」

　　沒錯，正是幽默讓我們能夠心平氣和面對現實界中的紛紛擾擾。幽默不只能化解人與世界的衝突，也能協調人與人之間的不和。對方臉上所展現的微笑，永遠是個美好的禮物。

　　其實，幽默最簡單的形式不過就是愉快的心情，這可不是來自形上體驗或對某種理念的崇尚，純然只是一種生命智慧的作用。人稱笑臉哲學家的希臘哲人德謨克利特寫道：「有節制的享受和中庸的生活才能創造愉快的心情。」[406]為了讓靈魂得到平衡，人們應該「多想想可能的狀況，滿足手中所擁有的，不該心繫或沉溺於會引發嫉妒和崇拜的事物」。[407]這短短的一句話，不禁讓我們想到婚姻生活和出軌的機會，讓我們想到齊克果所說，在婚姻中培養出的「寧靜滿足、舒適愜意」，這一切都會因為出軌而孤注一擲。

　　德謨克利特進一步補充，我們得時時想到沉浮在苦海中人，並時時想到他們受難的原因，感同身受，這樣我們才能珍惜所擁有的一切，而不至於因為貪婪之心，掉入了悶悶不樂的心理狀態。過於

羨慕他人所有或是過於崇拜眾人口中的美好事物，會被迫不斷去追求或做出後悔莫及的事。比上不足，比下有餘。我們該多想想比我們痛苦的人，想想造成他們今日處境的原因——出軌、被抓包還有離婚的後果等等，「這樣我們就會幸福地讚嘆，我們是過得如此之好，生活得如此之快樂。」[408]

　　愉快的心情同時也是心滿意足的一種作用。當我們靠在沙發上休息，並能說聲：「不錯嘛！」這樣的人生時刻並不壞。此時，如果身邊有個人也適意地靠在沙發上，或許還依偎過來，牽起你的手，同樣認為一切都是那麼地美好——不管是過去、現在還是未來的，這是多麼美妙的感受呢。遭到世界孤立的人，只能微笑幽默地重新征服世界。幽默是一種抗爭。微笑的人在爭取他的幸福。一笑泯恩愁，幽默的力量眾所皆知。

「婚姻要經得起考驗，就得承受『例外狀況』。」——尼采[409]

平心靜氣的品質

　　在介紹平心靜氣這個概念的同時，為了避免讓熱情洋溢的人有所誤解，必須先談談平心靜氣不是什麼。首先，平心靜氣不等於「漠不關心」。驍勇善戰的日本武士在暗處靜觀敵人，權衡時機，伺

機而動。那一刻是平心靜氣的，絕對不是漠不關心。平心靜氣意味著靜觀其變，不即刻地盲目蠢動。對日本的劍術家而言，血氣方剛的草莽之勇是一種可怕的惡習。

平心靜氣作為一種內在的態度，曾在許多思考方向中占有重要意義，以斯多噶學派為例，代表人物之一愛比克泰德（Epictetus）便寫道：「當你被感官情欲的幻想蠱惑時，當心啊，就像其他的事情一樣，千萬別迷失在其中。冷靜下來，多給自己一些時間，比較一下情欲高漲和情欲消退的時刻。或許，等到情欲消退後，你會懊惱自責不已。再想像一下並做個比較，如果當初的你知所節制，那麼此時的你會是多麼的欣喜自豪。如果你有可能處理到這類事情，那麼務必留心，別讓那些甜美誘人的事征服了你，而是該時時想到，如果你的意識能戰勝它們的話，你會更加快樂。」|410|

當然，斯多噶學派所理解的平心靜氣，一如平心靜氣一詞最初具有的宗教含義早已消失。如果說十八世紀的敬虔派信徒還將平心靜氣理解為對上帝的順服，在斯多噶學派的成員身上，這個概念多少帶有「不動心」的意味。「斯多噶意義上的平心靜氣」是為了練就無動於衷的態度，好讓人不輕易受傷。到了十九世紀，「不動心」（apathy）成了醫學上的詞彙，用來診斷麻木遲鈍和事不關己的心理狀態。平心靜氣也就擺脫了它具破壞性的意義關聯，成為今日管理課程中備受推崇的美德。

平心靜氣是一門藝術，凡事不著急，慢慢來，給自己時間；平心靜氣是片刻的沉澱，即使只是短短的幾秒鐘，讓自己有機會消化和反省情緒上的刺激。就像幽默一樣，平心靜氣能以較輕鬆的態度面對事情。

關於性事，平心靜氣的心境可能會問道：「為何這般喧擾忙亂？這些渴望、吵鬧、害怕、困頓，到底是為了什麼？不就是漢斯（Hans）要找到他的格蕾特（Grete）嘛！為何這點小事扮演了這麼重要的角色，給井然有序的人類生活帶來沒完沒了的煩憂和混亂。」|411| 這出自叔本華之語，儘管不久之後他便提出了這整件事的重要性何在。無論如何，片刻的沉澱和以冷靜的角度來看待事物，能給我們帶來喜悅和安寧。它開啟了事物的另一個面向，這是有益無害的。總是不停要求和吵鬧的人，身為領導者或婚姻伴侶，都會感到辛苦吃力。就像紅酒一樣，平心靜氣也是預防心臟病的好處方。

平心靜氣的態度搭起了幽默和節制之間的橋樑，它兼具兩者。只有平心靜氣肯定了一點，「婚姻要經得起考驗，就得承受『例外狀況』。」（尼采）|412| 套用時下年輕人的話，平心靜氣就是「酷」。這樣的酷是必要的，才不會讓自己老是被情緒的火海焚燒殆盡。每個人都有激動的時候，沒關係，但激動之前，該平心靜氣地想想，現在是拍桌子的最佳時機嗎？

「當我得知他對妻子不忠，而她已知道這件事，並且沒有對他惡

言相向。對於這一點，我並不驚訝。」季諾（Zeno Cosini）如此描述他的岳父岳母。季諾的岳母暗中打聽丈夫外遇的事，她瞭若指掌，並鎮定自若地指揮家庭事務的運作，這贏得了季諾對她的尊敬。「這件事顯然沒有影響到他們之間的關係。我想，每個人都有處理自己情感的獨特方法。然而，我相信，她所選擇的方法絕不是最笨的那種。」[413]

當然，不是每個人都有如此寬大的氣度，能將平心靜氣發揮到這種境界，我們也必須注意，平心靜氣的酷不該與麻木不仁的冷漠混為一談，這個故事帶給我們的啟發和意義，值得思考。

讓我們回想一下教皇英諾森三世在引用聖經《創世記》2：24「二人成為一體」時的看法，他認為男人的嫉妒無法容忍兩人成為一體。英諾森三世的言論引發了男同性戀的憂慮。然而，在對於第三者介入的憤怒情緒中，問題的關鍵是否有可能在別的地方呢？有時候我們的激動是否搞錯了對象？你會如何回答瑞士作家馬克斯・弗里施（Max Frisch）的問題：「是什麼讓你妒火中燒？是因為你所愛的人吻了別人、擁抱了別人等等，還是因為那個人成功釋放了你在伴侶身上不曾見過的幽默感？」[414]

「不知足的人，即使主宰整個世界，也是貧窮可憐的。」──伊比鳩魯 | 415 |

關於節度的追尋

　　找到一套行為的尺度，同時也成為快樂的指標，它是正確、有益身心、可行的，即使在無所節制的情況下仍能自訂尺度，這是幸福生活的先決條件。也就是說，我們的諸多經驗以及從經驗中引發的思考，漸漸形成一個寶庫，讓我們遇狀況時能有參考諮詢的依據。這或許不涉及做人處事的原則，但至少與人我界線，以及品味、有益與有害事物的界線相關，一旦發生破壞，它將幫助我們做出明確的決定。這個指標有如不斷的追尋，也會隨時調整，以適應整體感受，因此它是主觀的。如果這套指標想繼續維持有效性的話，那麼在與經歷與理解相互呼應的情況下，它也必須擁有一定的自由，以不斷重新自我校正。

　　這套主觀的尺度彷彿是有彈性的準繩，成了確立生命方向的重要時刻、一股內在力量，它告訴我們什麼該做，什麼不該做，它會警告我們或是鼓舞我們，現在是出擊的大好時機，還是明哲保身少惹禍為妙。能夠掌控大局的人就像是尺度的調節員，在理想情況下，這個人應是自己。雖然身為文明人我們總有值得效法的楷模，不過一旦出差錯，這些榜樣模範都無法負起任何責任。所有的失誤

只能由當事人一肩扛起，所以掌控大局也意味著承擔一切後果。

　　如何找到這樣一套主觀尺度並加以應用，希臘物理學家、哲學家、啓蒙大師伊比鳩魯爲我們指引了方向。他的學說成立於西元前290年左右，在那個變革與轉型的時代，政治的混亂、社會的不安、宗教傳統的喪失，影響了人民的日常生活。充滿理想的主張與見解逐漸式微，實用且宿命的思考模式趁勢而起，結果，退居私人生活領域的風氣盛行，這和今天歐洲德語區的情況沒有什麼不同。如果說柏拉圖和亞里斯多德還對國家寄予厚望，那麼到了伊比鳩魯，個人幸福成了核心價值。希臘擴張的時代走到尾聲，伊比鳩魯的準則之一「隱逸的生活」便成爲新時代的箴言。

　　正因爲如此，「欲望」這個主題才會深深吸引著伊比鳩魯。對他而言，欲望成了尋常可感受的重要價值，「就如同，人們感受得到火是熱的，雪是白的，蜂蜜是甜的一樣。」|416| 顯而易見，欲望在每個人的生命中扮演著重要的角色。「每個生命一出生之後，便不斷受到欲望的牽引，就像得到至善一樣爲它欣喜，像躲避凶神惡煞一樣逃避痛苦。」|417| 行爲動機往往只是爲了滿足欲望。「口腹之欲是所有善的起源和根本，即便智者和善者都會回歸於此。」|418| 也就是說，所有的行動，包括智慧與善良的行動，最終都是出於利益考量。

　　當然，就像今天一樣，在希臘哲學中，自私利己的出發點向來

受到輕視。人類應該依理性或道德行事，受欲望左右是令人唾棄的。在伊比鳩魯的眼裡，這種成見會對我們的意識造成傷害，如果我們從小就被教育成把源初動機，也就是欲望，視爲可恥的，長大成人之後必須追求理想，那麼我們便一直爲外物所操控，根本無法認清自己眞實的意圖，我們終其一生都在欺騙自己。想當然耳，道德與心理上的混亂衝突就是必然的後果。伊比鳩魯說：「我唾棄崇高的事物，也唾棄無法激發欲望的空洞目光。」|419|偽善的假道學爲伊比鳩魯所深惡痛絕。

　　伊比鳩魯認爲，古代的思想家忽略了探索欲望的眞正原因。在他們眼裡，欲望是無賴和禽獸的事，智者必須有「雄心壯志」。

　　伊比鳩魯認爲，事實上這種「智慧」出自誤解，因爲「沒有人會因爲它是欲望就輕視、仇恨或逃避它，之所以會仇恨或逃避是因爲欲望帶來了巨大痛苦，尤其是那些不知如何處理欲望的人。」|420|對於欲望抱持「優越」的輕視態度，源自哲學上的無知，不知如何才能不受傷害地去體驗和保有欲望。認識欲望的本質、學習維持清明的欲望，則是教育的當務之急。

　　怎麼說明欲望的本質，好讓我們對至善、對追求的目標更爲敏銳，能夠了解它、親近它？基本上伊比鳩魯認爲，欲望並不是一種可以無限上綱的現象。然而，從古至今世人的想法恰好相反，一般相信欲望的本質是沒有界線、沒有止盡的，尤其在古代，這成了欲

望無價值論的主要觀點：如果欲望是不可衡量、無法捉摸的，我們又該如何理解這至善，並將它發揚光大呢？沒有準則、沒有終點的事物，如何能成為值得追求的終極目標呢？

伊比鳩魯提出以下論點反駁上述看法，他認為：「欲望的最高界線便是解脫所有的痛苦」，雖然欲望可以「踰越這條界線，繼續演變並有所區分，但它不會再擴大，也不會更為豐富。」[421] 最大的欲望就是，在排除了所有令人感到痛苦的事物後，所感受到的欲望。沒有痛苦畫下了欲望的界線，建立可理解的尺度與它的有限性。當欲望在無痛苦中達到了質的最高境界，接下來頂多是細微的改變，所有超過這個界線對於量的追求都註定要失敗。

事實上，貪得無饜的欲望正是反感和挫折的開始，會給自己帶來更多的痛苦與絕望。欲望的追求是如此折磨人，原因即在於，對於欲望可無限上綱的荒謬想法助長了這種無止盡的追求。為了在生命中盡可能滿足欲望，就必須排除所有令人痛苦的成分。因為若有絕望就不可能追隨欲望，欲望不是主動消費的問題：痛苦減少之後必然會產生欲望。

欲望的反面觀點就是看清這一切的第一步，將欲望等同於無痛苦的狀態，可以避免特定「引發欲望」的行動，這並非出於道德的自負，而是為了提升欲望的原故。生活的藝術在於物質與精神之間巧妙的交互遊戲，理性安排的物質世界提供了精神發展的自由空

間，並激發了精神，精神以對等且合乎目的的態度看待物質世界並物盡其用。在現實界，和諧，即「淡泊寧靜」（Ataraxia），就介於這兩極之間，它是幸福生活的先決條件。和諧與尺度會伴隨個人的一生，它的發展是一種過程，且會不斷地自我更新、調整。如同一件活生生的藝術品，人類也將完成自我實現。

　　最後，伊比鳩魯的重點放在個人的開發上。每個人都感受得到自身的潛力，這值得成為關注的焦點。在物質和理性的基礎上，面對現有的各種可能性，外在生活將作出適切的調適，選擇並且善用幸福生活所需的物質，冷靜、不帶幻想地觀察社會現況，適度的節制和個人尺度的建立有助於穩定欲望。因為「不知足的人，即使主宰整個世界，也是貧窮可憐的。」[422]

　　我們真的滿足現有的一切嗎？我們怎麼知道，手中所擁有的就是我們真的想要的呢？我們是否一直在錯失什麼？魅力四射的男人、夢寐以求的女人，還是一場冒險的旅程？

注釋

注釋

1　節錄自Wolfgang Kossak, Ehebruch, Ueberreuter, Wien 2000, 86ff.

2　節錄自William Naphy, Verbotene Leidenschaft, Magnus Verlag, Essen 2003, 57.

3　ebd., 144.

4　Hans Peter Duerr, Nacktheit und Scham, Suhrkamp, Frankfurt am Main 1988, 40.

5　如在「Jackass」的系列節目中，青少年必須潛入化糞池中，或讓別人用雞蛋投擲其生殖器官，或在攝影機前公開上大號。雖然製作單位嚴正申明，切勿模仿，但勿什麼拍攝這些舉動，原因至今仍不明確。看不出有任何教育、藝術或政治的意圖。毫無疑問，這些節目是完全無意義的。我們只看到青少年極度混亂、幼稚、失控的狀況，從閱聽大眾的驚嚇程度可見一斑。

6　參見奧地利聯邦社會安全局2004年8月在維也納所發表「青少年持家能力」（Jugendliche Familienfähigkeit）的調查。訪問對象為十八到二十五歲的青少年、年輕成年人，方法為質性研究和深度訪談。

7　14.Shell-Jugendstudie 2002, Fischer, Frankfurt am Main, 20.

8　ebd., 16

9　參見奧地利聯邦社會安全局「青少年持家能力」的調查。

10　對此可參考相關論點，Ernest Bornemann, Das Patriarchat, Ursprung und Zukunft unseres Gesellschaftssystems, Frankfurt am Main 1975.

11　參見奧地利聯邦社會安全局「青少年持家能力」的調查。

12　Wiener Jugendgesundheitsbericht 2002, 212f.

13　Deutsche Bundesanstalt für gesundheitliche Aufklärung (Hrsg.), Jugendsexualität, Köln 2001, 48.

14　Wiener Jugendgesundheitsbericht 2002, 203.

15　14.Shell-Jugendstudie 2002, Fischer, Frankfurt am Main, 31.

16　ebd., 32.

17　Platon, Timaios, in: Digitale Bibliothek, Bd. 2, 2724 (174).

18　參見本書關於性是動物性行為的章節，「解剖學決定了我們的命運」。

19　Günther Anders, Lieben gestern. Notizen zur Geschichte des Fühlens, Verlag C.H. Beck, München 1986, 116.

20　Michel de Montaigne, Essais, Wie die Schwierigkeit unsere Begierde steigert, Manesse Verlag, Zürich 1953, 486.

21　Jean Paul, Vorschule der Ästhetik, in: Digitale Bibliothek, Bd. 2, 45426 (79).

22　在這裡我們還會問問，宗教上的獨身究竟怎麼能成功？我們常常把情色生活的經歷與聖人和神祕主義者的經驗相提並論，這也就是說，神祕經驗與情色在感官品質上不相上下。我們只能希望，所有主張獨身生活方式的人同時也是神祕主義者，不然，這很有可能會導致犯罪行為，與現行的法規相牴觸。

23　Sigmund Freud, Beiträge zur Psychologie des Liebeslebens, S. Fischer Verlag, Frankfurt am Main 1960, 27.

24　ebd.

25　Michel de Montaigne, ebd.

26　Sigmund Freud, ebd.

27　Sigmund Freud, ebd.

28　除了攝取食物之外，類人猿也喜歡以性活動來打發日子。在類人猿的日常生活中，性交活動占有重要地位，性交不僅當成是解決衝突的手段，與人類相同類人猿似乎也能夠在性交過程中感受到純粹的快感。

29　參見本書關於婚姻作為法律和宗教的制度章節，「夫妻的關係是平等擁有的關係」。

30　這點可以與盜竊（Mundraub）一詞類比，這個名詞現在已經從德國法律中刪除了（§ 248，德國刑法 StGB），因為在物資充沛的社會中這個概念顯然是多餘。盜竊表示了特有的竊盜行為，在饑荒時期，竊取價值低廉的物資立即食用，這不算觸犯了竊盜罪。另外，「性掠奪」這個概念不可與「精子掠奪」相混淆。「精子掠奪」也標示了特有的竊盜行為，這是網球巨星貝克（Boris Becker）發明的名詞。

31　Immanuel Kant, Anthropologie in pragmatischer Hinsicht, Suhrkamp, Frankfurt am Main 1991, 599.

32　Arthur Schopenhauer, Welt als Wille und Vorstellung II, Diogenes Verlag, Zürich 1977, 624f.

33　ebd.

34　ebd., 652f.

35　ebd., 655.

36　ebd.

37　Julius Evola, Die große Lust. Metaphysik des Sexus, Fischer Media Verlag, Bern 1998, 63.

38　ebd.

39　Sigmund Freud, Beiträge zur Psychologie des Liebeslebens, ebd., 28.

40　根據Peter Sloterdijk, Kritik der zynischen Vernunft, Suhrkamp, Frankfurt am Main 1983, 83.

41　Sigmund Freud, Beiträge zur Psychologie des Liebeslebens, ebd.

42　Georges Bataille, Die Erotik, MSB Matthes & Seitz Berlin Verlagsgesellschaft 1994, 82f.

43　Georg Wilhelm Friedrich Hegel, Enzyklopädie der philosophischen Wissenschaften im Grundrisse, in: Digitale Bibliothek, Bd. 2, 42014 (771).

44　Georges Bataille, Die Erotik, ebd., 154.

45　Sigmund Freud, Beiträge zur Psychologie des Liebeslebens, ebd.

46　Henry Miller, Wendekreis des Steinbocks, Rowohlt Verlag, Reinbek bei Hamburg, 179.

47　ebd., 237.

48　Aristoteles

49　Arthur Schopenhauer, Die Welt als Wille und Vorstellung II, Diogenes Verlag, Zürich 1977, 632.

50　Schopenhauer, Die Welt als Wille und Vorstellung, in: Digitale Bibliothek, Bd. 2, 65126 (2077).

51　Epiktet, Handbüchlein der stoischen Moral, in: Digitale Bibliothek, Bd. 2, 5767 (44).

52　動情的冷感階段。

53   Michel de Montaigne, Die Essais, Sammlung Dieterich Verlagsgesellschaft, Berlin 1953, 1992, 223f.

54   Giordano Bruno, Die Vertreibung der triumphierenden Bestie, Peter Sloterdijk (Hrsg.), ausgewählt und vorgestellt von Elisabeth von Samsonow, erschienen by Diederichs in der Reihe "Philosophie Jetzt!" im Heinrich Hugendubel Verlag Kreuzlingen/München, 242f.

55   ebd.

56   ebd.

57   Sigmund Freud, Beiträge zur Psychologie des Liebeslebens, ebd., 82.

58   Sigmund Freud, Massenpsychologie und Ich-Analyse, Fischer Taschenbuch Verlag, Frankfurt am Main 1999, 98f.

59   ebd.

60   ebd.

61   Sigmund Freud, Drei Abhandlungen zur Sexualtheorie, Fischer Taschenbuch Verlag GmbH, Frankfurt am Main 1999, 128f.

62   ebd.

63   ebd.

64   ebd.

65   Sigmund Freud, Beiträge zur Psychologie des Liebeslebens, ebd., 82f.

66   Georges Bataille, Die Erotik, ebd., 140.

67   Sigmund Freud, Massenpsychologie und Ich-Analyse, ebd., 155f.

68   舊約・創世記3：7。

69   Mario Ruspoli: Die Höhlenmalerei von Lascaux. Auf den Spuren des frühen Menschen, Augsburg 1998, 13.

70   ebd., 87ff.

71   舊約・創世記3。

72   Georges Bataille, Die Erotik, ebd., 106.

73   ebd., 82f.

74   ebd., 41.

75   ebd., 101.

76   Georges Bataille, Die Tränen des Eros, MSB Matthes & Seitz Berlin Verlagsgesellschaft 1993, 25.

77   Georges Bataille, Die Erotik, 105.

78   Charles Baudelaire, Fusées, Nr.3, zitiert nach: Georges Bataille, Die Erotik, 123.

79   Bonaventura, zitiert nach: Georges Bataille, Die Erotik, 241.

80   比如"Thérèse philosophe"一書，這是本1748年匿名出版且祕密販售的小說。薩德侯爵（Marquis de Sade）稱它是「精彩刺激的一本書」，並宣稱腓特烈大帝的朋友亞爾尚侯爵（Marquis d'Argens）爲該書作者。

81   Günther Anders, Lieben gestern. Notizen zur Geschichte des Fühlens, Verlag C.H. Beck, München 1986, 101.

82   James Joyce, Ulysses, Suhrkamp Verlag, Frankfurt am Main 1996, 495f.

83　ebd., 498f.

84　例如在一個「運作」良好的關係中，無法點燃對第三者的激情，這類論點並無法切中要害。因爲激
　　情和愛情是完全不同的兩回事。愛情包含了理性的成分，沒有接受對方與心存和對方長相廝守的意
　　願，愛情便無法持久。反之激情不受理性的限制，是情緒的原爆。愛情雖然可與激情抗爭，卻無法
　　遏制激情的發生。

85　Online-Duden, 11. 2004.

86　Immanuel Kant, Anthropologie in pragmatischer Hinsicht, Suhrkamp Verlag, Frankfurt am Main 1988, 580.

87　ebd., 483f.

88　ebd., 484.

89　叔本華認爲，所有與性、肉欲和愛有關的行爲都只爲了一個目標，那就是：物種的延續。

90　Arthur Schopenhauer, Die Welt als Wille und Vorstellung II, Diogenes, Zürich 1977, 654.

91　Giordano Bruno, Von den heroischen Leidenschaften, Felix Meiner Verlag, Philosophische Bibliothek Band 398,
　　Hamburg 91.

92　Georg Wilhelm Friedrich Hegel, Vorlesungen über die Philosophie der Geschichte, Suhrkamp Verlag, Frankfurt
　　am Main 1986, 47f.

93　Friedrich Nietzsche, Also sprach Zarathustra, dtv/de Gruyter, München-Berlin-New York 1988, 130.

94　ebd., 16.

95　Sappho, in: Raoul Schrott, Die Erfindung der Poesie, Eichborn, Frankfurt am Main 1997, 127.

96　Alkaios von Lesbons, in: Carl Fischer (Hrsg.), Patmos/Artemis & Winkler Verlag, Düsseldorf/Zürich, 39.

97　Amr Ibn Kultum, in: Raoul Schrott, Die Erfindung der Poesie, ebd., 254.

98　Giordano Bruno, Von den heroischen Leidenschaften, ebd., 82.

99　ebd., 90.

100　Søren Kierkegaard, Entweder/Oder, in: Digitale Bibliothek, Bd. 2, 65570f.

101　Immanuel Kant, Anthropologie in pragmatischer Hinsicht, Suhrkamp Verlag, Frankfurt am Main 1988, 580.

102　John Locke, Versuch über den menschlichen Verstand, in: Digitale Bibliothek, Bd. 2, 14156 (442).

103　Immanuel Kant, Anthropologie in pragmatischer Hinsicht, ebd., 581.

104　這種「衰弱瓦解」具體表現在生理上，常見的是初戀激情中茶不思飯不想以及天旋地轉的感受。

105　Friedrich Schiller, Über die ästhetische Erziehung des Menschen in einer Reihe von Briefen, in: Digitale
　　Bibliothek, Bd. 2, 44821 (613).

106　Sigmund Freud, Bemerkung über einen Fall von Zwangsneurose, Fischer Taschenbuch Verlag, Frankfurt am
　　Main 1999, 456.

107　激情的戀人（作者註）。

108　Lukrez, Über die Natur der Dinge, in: Digitale Bibliothek, Bd. 2, 6355 (352f.).

109　Albert Camus, Der Mythos des Sisyphos, Rowohlt, Reinbek bei Hamburg 2004, 12.

110　Lukrez, Über die Natur der Dinge, 6360(360f.).

111　Le coeur a des raisons que la raison ne connait pas. (Blaise Pascal)

112　ebay競標，25. 11. 2004

113　25. 11. 2004，ebay競標的商品文字說明。

114　Søren Kierkegaard, Entweder/Oder, in: Digitale Bibliothek, Bd. 2, 65939f. (516f.).

115　即戀愛中人（作者註）。

116　Lukrez, Über die Natur der Dinge, 6360 (360f.).

117　Stendhal, Über die Liebe, Ullstein, Frankfurt am Main-Berlin 1970, 21f.

118　Immanuel Kant, Anthropologie in pragmatischer Hinsicht, ebd., 599.

119　Erich Fromm, Die Kunst des Liebens, Ullstein, Frankfurt am Main-Berlin 1980, 67.

120　Stendhal, Über die Liebe, ebd., 37.

121　Stendhal, ebd., 37.

122　Stendhal, ebd., 108.

123　Friedrich Nietzsche, Morgenröte, dtv/de Gruyter, München-Berlin-New York 1988, 38.

124　ebd., 142.

125　Friedrich Nietzsche, Also sprach Zarathustra, dtv/de Gruyter, München-Berlin-New York 1988, 402.

126　Lukrez, Über die Natur der Dinge, 6356ff.(354f.)

127　Eric Berne, Spielarten und Spielregeln der Liebe, Rowohlt, Reinbek bei Hamburg 1974, 128.

128　Werner Rautenberg, Rüdiger Rogoll, Werde, der du werden kannst, Verlag Herder, Freiburg im Breisgau 1980, 37f.

129　Eric Berne, Spielarten und Spielregeln der Liebe, ebd., 54.

130　Friedrich Nietzsche, Also sprach Zarathustra, ebd., 403.

131　Søren Kierkegaard, Entweder/Oder. Erster Teil. Übersetzt von Emanuel Hirsch (S. Kierkegaard, Gesammelte Werke und Tagebücher, herausgegeben von E. Hirsch, H. Gerdes und H.M. Junghans, 1.Abt.), Grevenberg Verlag Dr. Ruff & Co. OHG, Simmerath 2004 (zurerst Eugen Diederichs Verlag 1956), 396f.

132　這裡當然也隱藏了令人倒胃口的利用觀點。我們吸乾對方，從對方身上得到愛意、欲望、高潮與自我證明等等。當我們吸乾對方，無法再從對方身上得到任何利益時，我們便結束這段情感。這雖然不是很具美感的，卻頗符合現實狀況。關於無私之愛的反面，在本書的愛情篇章中有進一步的探討。

133　Friedrich Schiller, Über die ästhetische Erziehung des Menschen in einer Reihe von Briefen, in: Digitale Bibliothek, Bd. 2, 72 (44821).

134　Lotario de Segni (Papst Innozenz III.), Vom Elend des menschlichen Daseins, Aus dem Lateinischen übersetzt und eingeleitet von Carl-Friedrich Geyer, Georg Olms Verlag, Hildesheim 1990, 55.

135　Arthur Schopenhauer, Die Welt als Wille und Vorstellung II, Diogenes Verlag, Zürich 1977, 694.

136　Arthur Schopenhauer, ebd., 650.

137　Gottfried Wilhelm Leibniz, Die Theodizee, in: Digitale Bibliothek, Bd. 2, 747(18065).

138　Blaise Pascal, Abhandlung über die Leidenschaften der Liebe, Peter Sloterdijk (Hrsg.), ausgewählt und vorgestellt von Eduard Zwierlein, erschienen bei Diedrichs in der Reihe "Philosophie Jetzt!" im Heinrich Hugendubel Verlag Kreuzlingen/München 1997, 301.

139　ebd.

140　Friedrich Nietzsche, Die fröliche Wissenschaft, dtv/de Gruyter, München-Berlin-New York 1988, 374f.

141　Friedrich Nietzsche, ebd., 554.

142　Blaise Pascal, Abhandlung über die Leidenschaften der Liebe, ebd., 303.

143　ebd., 300.

144　Søren Kierkegaard, Entweder/Oder, in: Digitale Bibliothek, Bd. 2, 904(66327).

145　Blaise Pascal, ebd.

146　Georges Bataille, Die Erotik, ebd., 166.

147　Lukrez, Über die Natur der Dinge, ebd., 358(6360).

148　Georges Bataille, ebd.

149　Epikur, in: Griechische Atomisten. Reclam Verlag, Leipzig 1977, 300.

150　把伊比鳩魯視為古希臘時期極端享樂主義的先驅者，其實是一個誤解。他自己承認，在他看來欲望歡愉本身並非邪惡的，但是人們應該審慎考慮行動所帶來的後果。就當時觀點而言，這是對欲望歡愉表示贊同。

151　Epikur, ebd.

152　Epikur, ebd.

153　José Ortega y Gasset, Die Hauptwerke, Über die Liebe, Ullstein, Stuttgart 1983, 344.

154　Georg Wilhelm Friedrich Hegel, Entwürfe über Religion und Liebe, Suhrkamp Verlag, Frankfurt am Main 1986, Bd. 1, 244.

155　Platon, Symposion 200a, gr.-dt., übersetzt von Rudolf Rufener, Patmos / Artemis & Winkler Verlag, Düsseldorf / Zürich 2002, 145.

156　Roland Barthes, Fragmente einer Sprache der Liebe, Suhrkamp Verlag, Frankfurt am Main 1984, 130.

157　Erich Fromm, Die Kunst des Liebens, Ullstein, Stuttgart 1956, 68.

158　Italo Svevo, Zeno Cosini, Rowohlt, Reinbek bei Hamburg 1987, 113.

159　Javier Marías, Mein Herz so weiß, Heyne, München 1992, 93.

160　法國作家拉郭洛（Choderlos de Laclos）的著名小說，在《少年維特的煩惱》出版後幾年問世。

161　此處讓我們回想一下本書前言中提到的青少年調查，青少年期望伴侶絕對忠實，而性事是否能夠相互配合並不重要，典型浪漫主義（和天主教）的二元論。

162　Georg Wilhelm Friedrich Hegel, Vorlesung über die Ästhetik, Suhrkamp, Frankfurt am Main 1986, 156f.

163　ebd.

164　Aldous Huxley, Parallelen der Liebe, Piper, München-Zürich 1993, 201.

165　ebd.

166 Niklas Luhmann, Liebe als Passion. Zur Codierung von Intimität, Suhrkamp Verlag, Frankfurt am Main 1982/1994, 186.

167 ebd.

168 只需（對自己也是）保持警覺，是否出於愛而行動，還是把愛當成藉口濫用。當奧塞羅出於愛和妒忌怒火中燒，殺害了心愛的妻子戴絲德蒙娜，或是虔誠的信徒因信仰熾熱的愛殺害了不信神的鄰居，這類故事總讓人毛骨悚然，彷彿有了愛的盾牌，便可爲所欲爲。

169 Platon, Symposion 183e, ebd., 121.

170 參見本書「赤裸的性欲本能與愛」。

171 Platon, Symposion 183e, 121f.

172 Platon, Der Staat 403 a-c, gr.-dt., übersetzt von Rudolf Rufener, Patmos / Artemis & Winkler Verlag, Düsseldorf / Zürich.

173 Peter Sloterdijk, Kritik der zynischen Vernunft, Suhrkamp, Frankfurt am Main 1983, 464f.

174 Platon, Symposion 206b-207a, ebd., 156f.

175 Platon, Symposion 209b-c, ebd., 159f.

176 柏拉圖《饗宴篇》描述，人類在開始時不只有四隻手四隻腳，還有兩個性器官，可形成三種不同的性別：男—男性（兩個男性性器官），女—女性（兩個女性性器官）和男—女性（一個男性和一個女性性器官）。這也衍生出人類三種不同的性取向：男同性戀，女同性戀和異性戀。

177 Platon, Symposion 197a-b, ebd., 140f.

178 Milan Kundera, Die unerträgliche Leichtigkeit des Seins, Fischer, Frankfurt am Main 1987, 108.

179 Theodor W. Adorno, Minima Moralia. Reflexionen aus dem beschädigten Leben, Suhrkamp Verlag, Frankfurt am Main 1969, 255.

180 Milan Kundera, Die unerträgliche Leichtigkeit des Seins, Fischer, Frankfurt am Main 1987, 108.

181 Jean-Paul Sartre, Das Sein und das Nichts, Peter Sloterdijk (Hrsg.), ausgewählt und vorgestellt von Thomas M. Macho, erschienen bei Diederichs in der Reihe "Philosophie Jetzt!" im Heinrich Hugendubel Verlag, Kreuzlingen/München 1995, 161f.

182 ebd.

183 Roland Barthes, Fragmente einer Sprache der Liebe, ebd., 121.

184 Milan Kundera, Die unerträgliche Leichtigkeit des Seins, ebd., 285.

185 Sándor Márai, Die Glut, Piper, München-Zürich 2004, 193.

186 Erich Fromm, Die Kunst des Liebens, ebd., 33.

187 Georg Wilhelm Friedrich Hegel, Fragmente über Volksreligion und Christentum, Suhrkamp, Frankfurt am Main 1986, Bd. 1, 30.

188 Erich Fromm, Die Kunst des Liebens, ebd., 33.

189 Søren Kierkegaard, Entweder/Oder. Zweiter Teil. Zwei erbauliche Reden 16.V.1843. Übersetzt von Emanuel Hirsch (S. Kierkegaard, Gesammelte Werke und Tagebücher, a.a.o. 2./3. Abt.), Simmerath 2004 (zuerst Eugen

Diederichs 1957), 59.

190 ebd.

191 參見本書「激情把一切都給理想化」中關於尼采的討論。

192 Roland Barthes, Fragmente einer Sprache der Liebe, ebd.,162.

193 這是後果嚴重的誓言，如何來解釋日後雖然出軌卻仍然愛對方這樣不可能的事。

194 Søren Kierkegaard, Entweder/Oder. Zweiter Teil, ebd., 59.

195 見本書前言。

196 Søren Kierkegaard, Entweder/Oder. Zweiter Teil, ebd., 67.

197 ebd.

198 Georg Wilhelm Friedrich Hegel, Fragmente über Volksreligion und Christentum, ebd., 30.

199 新約‧歌林多前書13。

200 Søren Kierkegaard, Entweder/Oder. Zweiter Teil, ebd., 48.

201 Søren Kierkegaard, Studien auf des Lebens Weg. Übersetzt von Emanuel Hirsch (S. Kierkegaard, Gesammelte Werke und Tagebücher, a.a.o. 15. Abt.), Simmerath 2004 (zuerst Eugen Diederichs 1958), 135.

202 Karl Jaspers, Kleine Schule des philosophischen Denkens, Piper, München 1965, in: Anne-Kathrin Godec, Morteza Ghasempour (Hrsg.), Über die Liebe. Eine philosophische Anthologie (Begleitheft zum Hörbuch), Headroom Sound Production, Köln 2000, 84.

203 Georg Simmel, Das Individuum und die Freiheit. Fragment über die Liebe, K.F. Koehler Verlag, 1957, in: Anne-Kathrin Godec, Morteza Ghasempour (Hrsg.), Über die Liebe, ebd., 74.

204 Francis Bacon, Essays, Über die Liebe, Sammlung Dieterich Verlagsgesellschaft, Ditzingen 1992, in: Anne-Kathrin Godec, Morteza Ghasempour (Hrsg.), Über die Liebe, ebd., 37.

205 ebd., 38.

206 Platon, Symposion, 197a-b, ebd., 140f.

207 ebd.

208 Georg Wilhelm Friedrich Hegel, Entwürfe über Religion und Liebe, ebd., 244.

209 Georg Wilhelm Friedrich Hegel, Grundlinien der Philosophie des Rechts, Suhrkamp, Frankfurt am Main 1986, 307f.

210 José Ortega y Gasset, Die Hauptwerke, Über die Liebe, ebd., 367-

211 Roland Barthes, Fragmente einer Sprache der Liebe, ebd., 131.

212 ebd.

213 Richard v. Krafft-Ebing, Psychopathia Sexualis, Stuttgart 1907, 20.

214 Roland Barthes, Fragmente einer Sprache der Liebe, ebd., 132.

215 Julius Evola, Die große Lust. Metaphysik des Sexus, ebd., 90f.

216 Erich Fromm, Haben oder Sein, Deutsche Verlags-Anstalt, Stuttgart 1976, 108.

217 Søren Kierkegaard, Der Begriff Angst. Vorworte. Übersetzt von Emanuel Hirsch (S. Kierkegaard, Gesammelte

Werke und Tagebücher, a.a.o. 11./12. Abt.), Simmerath 2003 (zuerst Eugen Diederichs 1952), 40.

218　Erich Fromm, Haben oder Sein, ebd., 118.

219　Peter Sloterdijk, Kritik der zynischen Vernunft, ebd., 408.

220　Julia Kristeva, Verführung - Sublimierung, in: Beatrix Müller-Kampel (Hrsg.), Mythos Don Juan, Reclam, Leipzig 1999, 177.

221　Giordano Bruno, Die Vertreibung der triumphierenden Bestie, ebd., 242f.

222　ebd.

223　Michel de Montaigne, Essais, Wie die Schwierigkeit unsere Begierde steigert, ebd., 485f.

224　ebd.

225　Blaise Pascal, Abhandlung über die Leidenschaften der Liebe, ebd., 306f.

226　Johann Wolfgang von Goethe, Erinnerung, Quelle: Internet

227　Günther Anders, Lieben gestern. Notizen zur Geschichte des Fühlens, ebd., 82.

228　Lotario de Segni (Papst Innozenz III.), Vom Elend des menschlichen Daseins, ebd., 56.

229　Arthur Schopenhauer, Welt als Wille und Vorstellung II, ebd., 634.

230　Blaise Pascal, Abhandlung über die Leidenschaften der Liebe, ebd., 306f.

231　Søren Kierkegaard, Entweder/Oder. Erster Teil, ebd., 470.

232　Italo Svevo, Zeno Cosini, Rowohlt, Reinbek bei Hamburg 1987, 41.

233　Max Frisch, Don Juan oder Die Liebe zur Geometrie, Suhrkamp, Frankfurt am Main 1978, 94.

234　Stendhal, Über die Liebe, ebd., 201.

235　Søren Kierkegaard, Stadien auf des Lebens Weg, ebd., 82.

236　Albert Camus, Der Mythos von Sisyphos, ebd., 62.

237　Søren Kierkegaard, Entweder/Oder. Zweiter Teil, ebd., 28.

238　Max Frisch, Don Juan oder Die Liebe zur Geometrie, ebd., 94.

239　Albert Camus, Der Mythos von Sisyphos, ebd., 64.

240　Søren Kierkegaard, Entweder/Oder. Erster Teil, ebd., 139f.

241　Max Frisch, Don Juan oder Die Liebe zur Geometrie, ebd., 100.

242　Albert Camus, Der Mythos von Sisyphos, ebd., 64.

243　Søren Kierkegaard, Entweder/Oder. Erster Teil, ebd., 107ff.

244　Søren Kierkegaard, Entweder/Oder, ebd., 396.

245　Søren Kierkegaard, Entweder/Oder, ebd., 397.

246　Albert Camus, Der Mythos von Sisyphos, ebd., 61.

247　引自José Ortega y Gasset, Die Hauptwerke, Über die Liebe, ebd., 331.

248　Margaret Atwood, Die Rauberbraut, S. Fischer, Frankfurt am Main 1994, 516.

249　ebd., 584.

250　Friedrich Nietzsche, Die fröhliche Wissenschaft, ebd., 535.

251　ebd.

252　Søren Kierkegaard, Der Begriff der Angst, ebd., 60.

253　Georges Bataille, Die Erotik, ebd., 41.

254　Søren Kierkegaard, Entweder/Oder. Erster Teil, ebd., 139f.

255　Søren Kierkegaard, Der Begriff der Angst, ebd., 40.

256　Søren Kierkegaard, ebd., 43.

257　Søren Kierkegaard, ebd., 60f.

258　比較14. Shell-Jugendstudie 2002, Fischer, Frankfurt am Main, 32（同時可參見本書前言部分）

259　Søren Kierkegaard, Entweder/Oder. Erster Teil, ebd., 396.

260　參見本書前言。

261　Søren Kierkegaard, Entweder/Oder. Zweiter Teil, ebd., 59.

262　ebd., 62.

263　ebd., 8.

264　Søren Kierkegaard, Entweder/Oder. Erster Teil, ebd., 317.

265　Niklas Luhmann, Liebe als Passion. Zur Codierung von Intimität, ebd., 186.

266　Søren Kierkegaard, Entweder/Oder. Erster Teil, ebd., 464.

267　Søren Kierkegaard, Stadien auf des Lebens Weg, ebd., 114.

268　Henry Miller, Welt des Sexus, Rowohlt, Reinbek bei Hamburg 1982, 123.

269　Friedrich Nietzsche, Also sprach Zarathustra, ebd., 264.

270　Søren Kierkegaard, Entweder/Oder. Zweiter Teil, ebd., 94.

271　Theodor W. Adorno, Minima Moralia. Reflexionen aus dem beschädigten Leben, ebd., 29.

272　Friedrich Nietzsche, Also sprach Zarathustra, ebd., 264.

273　Søren Kierkegaard, Entweder/Oder. Zweiter Teil, ebd., 62.

274　Johann Gottfried Herder, aus einem Brief an Caroline von Feuchtersleben, in: Herders Brevier, ausgewählt von W. Dobbek (1959), zitiert nach: Historisches Wörterbuch der Philosophie, Schwabe, Basel 1980, Bd.5, 311.

275　Friedrich Schleiermacher, Vertraute Briefe über die Lucinde, mit einer Vorrede von K. Gutzkow (1835), zitiert nach: Historisches Wörterbuch der Philosophie, ebd., 314.

276　Friedrich Schleiermacher, Über die Religion. Reden an die Gebildeten unter ihren Verachtern, herausgegeben von Otto (1899), 89, zitiert nach: Historisches Wörterbuch der Philosophie, ebd.

277　Søren Kierkegaard, Entweder/Oder. Zweiter Teil, ebd., 29f.

278　ebd., 62.

279　ebd.

280　ebd.

281　ebd., 62f.

282　Søren Kierkegaard, Stadien auf des Lebens Weg, ebd., 93.

283 Niklas Luhmann, Liebe als Passion. Zur Codierung von Intimität, ebd., 185ff.

284 ebd.

285 ebd.

286 ebd.

287 ebd.

288 Friedrich Nietzsche, Menschliches, Allzumenschliches I, München-Berlin-New York 1988, 269.

289 Klaus Theweleit, Objektwahl, Stroemfeld/Roter Stern, Frankfurt am Main 1990, 85.

290 參見André Burguière (et. al.), Geschichte der Familie, Bd. 4 (20. Jahrhundert), Magnus Verlag, Essen 2005, 38.

291 Friedrich Nietzsche, (Aus dem Nachlass der Achtzigerjahre), in: Karl Schlechta (Hrsg.), Werke in 3 Banden, Ullstein, Frankfurt am Main-Berlin-Wien 1979, Bd.3, 922f.

292 Søren Kierkegaard, Entweder/Oder. Zweiter Teil, ebd., 30.

293 ebd., 28f.

294 Friedrich Nietzsche, Menschliches, Allzumenschliches I, ebd., 269.

295 Søren Kierkegaard, Entweder/Oder. Zweiter Teil, ebd., 30.

296 Friedrich Nietzsche, (Aus dem Nachlass der Achtzigerjahre), ebd., 922f.

297 Søren Kierkegaard, Entweder/Oder. Zweiter Teil, ebd., 29.

298 Lotario de Segni (Papst Innozenz III.), Vom Elend des menschlichen Daseins, ebd., 56.

299 Theodor W. Adorno, Minima Moralia. Reflexionen aus dem beschädigten Leben, ebd., 29.

300 ebd.

301 引自Klaus Theweleit: Objektwahl, ebd., 33.

302 Alfred Hitchcock, in: Klaus Theweleit, Objektwahl, ebd., 32.

303 ebd., 35.

304 Friedrich Nietzsche, Menschliches, Allzumenschliches I, ebd., 270.

305 Immanuel Kant, Die Metaphysik der Sitten, Suhrkamp Verlag, Frankfurt am Main 1988, 389 ff.

306 ebd.

307 ebd.

308 ebd.

309 ebd.

310 ebd.

311 Georg Wilhelm Friedrich Hegel, Texte zur Philosophischen Propadeutik, Suhrkamp, Frankfurt am Main 1986, 256.

312 Georg Wilhelm Friedrich Hegel, Grundlinien der Philosophie des Rechts, ebd., 310ff.

313 ebd.

314 ebd.

315 Søren Kierkegaard, Entweder/Oder. Zweiter Teil, ebd., 59, 50.

316　Søren Kierkegaard, Stadien auf des Lebens Weg, ebd., 104.

317　Søren Kierkegaard, Entweder/Oder. Zweiter Teil, ebd., 18.

318　Søren Kierkegaard, Stadien auf des Lebens Weg, ebd., 120f.

319　Theodor W. Adorno, Minima Moralia. Reflexionen aus dem beschädigten Leben, 30.

320　ebd.

321　ebd., 29.

322　Friedrich Nietzsche, Also sprach Zarathustra, ebd., 264.

323　Javier Marías, Mein Herz so weiß, ebd., 137.

324　Erich Fromm, Haben oder Sein, ebd., 53.

325　Javier Marías, Mein Herz so weiß, ebd., 101.

326　ebd., 18.

327　Erich Fromm, Haben oder Sein, ebd., 53.

328　Søren Kierkegaard, Entweder/Oder. Zweiter Teil, ebd., 114.

329　Erich Fromm, Haben oder Sein, ebd., 53f.

330　Michel de Montaigne, Essais, Goldmann, Frankfurt am Main 1998, 428.

331　Theodor W. Adorno, Minima Moralia. Reflexionen aus dem beschädigten Leben, ebd., 29.

332　Erich Fromm, Haben oder Sein, ebd., 53.

333　Günther Anders, Philosophische Stenogramme, Beck'sche Reihe Nr. 36, Verlag C.H. Beck, München 1993, 68.

334　racket（英）取「喧鬧」之意或「欺騙」的非正式用語。

335　Günther Anders, Philosophische Stenogramme, ebd., 68.

336　Lotario de Segni (Papst Innozenz III.), Vom Elend des menschlichen Daseins, ebd., 55.

337　Anaïs Nin, Absage an die Verzweiflung, in: Evelyn Hinz (Hrsg.), Sanftmut des Zorns, Scherz, Bern-München 1975, 24.

338　Michel de Montaigne, Die Essais, Über die Freundschaft, ebd., 231.

339　ebd.

340　ebd.

341　Lotario de Segni, Von Elend des menschlichen Daseins, ebd., 55.

342　Friedrich Nietzsche, Menschliches, Allzumenschliches I, ebd., 280.

343　ebd.

344　ebd., 280f.

345　ebd., 279f.

346　Søren Kierkegaard, Stadien auf des Lebens Weg, ebd., 111f.

347　ebd., 113f.

348　ebd., 105f.

349　Demokrit, Fragmente zur Ethik, Reclam, Stuttgart 1996, 99.

350 Douglas Hofstadter, Metamagicum, Klett-Cotta, Stuttgart 1988, 826.

351 Frank Joachim, Treue, Rasch und Rohring, Hamburg 1996, 259f.

352 Douglas Hofstadter, Metamagicum, ebd., 827.

353 ebd.

354 Harald Koisser, aus: "Marina", unveröffentlichtes Manuskript.

355 Augustinus, Bekenntnisse, Insel, Frankfurt-Leipzig 1955, 79.

356 Friedmann Schulz von Thun, Miteinander reden, rororo, Reinbek bei Hamburg 1981, 216.

357 Frank Joachim, Treue, ebd., 260.

358 Georg Wilhelm Friedrich Hegel, Grundlinien der Philosophie des Rechts, ebd., 311.

359 ebd., 316.

360 ebd., 320.

361 ebd., 310.

362 ebd., 311.

363 Lucius Annaeus Seneca, Über das glückliche Leben, in: Wolfgang Weinkauf (Hrsg.), Die Philosophie der Stoa. Ausgewählte Texte, Reclam, Stuttgart 2001, 268f.

364 Marc Aurel, Selbstbetrachtungen 6,2, in: Wolfgang Weinkauf (Hrsg.), Die Philosophie der Stoa. Ausgewählte Texte, ebd., 260.

365 Friedrich Nietzsche, Also sprach Zarathustra, ebd., 91.

366 Jean-Jacques Rousseau, Emil oder Über die Erziehung, in: Digitale Bibliothek, Bd. 2, 21390 (30)。

367 所有數據皆出自2005年5月dpa的報導且發表於gmx.at。

368 André Burguière (et al.), Geschichte der Familie, ebd., 290.

369 ebd., 291.

370 Arthur Schopenhauer, Die Welt als Wille und Vorstellung II, ebd., 653.

371 Jean-Jacques Rousseau, Emil oder Über die Erziehung, ebd., 21390 (30).

372 Friedrich Nietzsche, Also sprach Zarathustra, ebd., 90.

373 ebd.

374 Friedrich Nietzsche, Morgenröte, ebd., 143.

375 Friedrich Nietzsche, Also sprach Zarathustra, ebd., 91.

376 André Burguière (et al.), Geschichte der Familie, ebd., 293.

377 一個有助於辯證思考的腦力激盪。兩個虔誠的教徒不幸都嫁給了沒有生孕能力的丈夫，但她們由衷希望能夠生下小基督徒。其中一人建議去問神父，是否有婚外生子的可能性。經過再三考慮，一個女人終於拋開顧慮，鼓起勇氣去問神父。她紅著臉回來，不斷地在胸前畫十字架。另一個女人也如法炮製，卻是興高采烈地回來，並說神父同意了。先前的女人說：「絕對不可能。」她說：「我問神父，是否可以為了生小孩與其他男人睡覺？神父說如果我這麼做了，將來會下地獄慘遭酷刑。」另一個女人說：「這就奇怪了，我問神父如果我和其他男人睡覺懷了孕，是否得把孩子留下來。神

注　釋

父說，當然，必須保下孩子，墮胎是惡行，並說如果我墮胎，將來會下地獄慘遭酷刑。」

378　Helen Fischer, Anatomie der Liebe, Droemer Knaur, München 1993.
379　Georges Bataille, Die Erotik, ebd., 154.
380　ebd., 155.
381　ebd.
382　ebd., 153.
383　ebd., 154.
384　Simone de Beauvoir, Das andere Geschlecht. Sitte und Sexus der Frau, Rowohlt, Reinbek bei Hamburg 1951, 108.
385　Arthur Schopenhauer, Parerga und Paralipomena, Wissenschaftliche Buchgesellschaft Darmstadt, Cotta-Insel, Stuttgart-Frankfurt am Main 1965, 730f.
386　Simone de Beauvoir, Das andere Geschlecht. Sitte und Sexus der Frau, ebd., 201f.
387　ebd., 533.
388　Hermann Hesse, Steppenwolf, Suhrkamp, Frankfurt am Main 1976, 209.
389　ebd., 209.
390　Marc Aurel, Selbstbetrachtungen 7,55, in: Wolfgang Weinkauf (Hrsg.), Die Philosophie der Stoa, ebd., 227.
391　Alexander Mitscherlich, Auf dem Weg zur vaterlosen Gesellschaft, Piper, München-Zürich 1973, 18.
392　Gregory Bateson, Ökologie des Geistes, Suhrkamp, Frankfurt am Main 1981, 553.
393　Baltasar Gracián, Das Kritikon, Fischer, Frankfurt am Main 2004, 82.
394　Luciano de Crescenzo, Geschichte der griechischen Philosophie von Sokrates bis Plotin, Diogenes, Zürich 1988, 202.
395　ebd., 66.
396　ebd., 64.
397　ebd., 69.
398　Gregory Bateson, Ökologie des Geistes, ebd., 605.
399　Don D. Jackson, Familienregeln, in: Paul Watzlawick, John Weakland (Hrsg.), Interaktion, Verlag Hans Huber, Bern-Stuttgart-Wien 1980, 57.
400　Immanuel Kant, Die Metaphysik der Sitten, ebd., 389ff.
401　Friedrich Nietzsche, Jenseits von Gut und Böse, Stuttgart 1959, 78.
402　Søren Kierkegaard, Stadien auf des Lebens Weg, ebd., 133.
403　ebd.
404　ebd., 133f.
405　Jean Paul, Vorschule der Ästhetik, in: N. Miller (Hrsg.), Werke, Bd. 2, Hanser, München 1962, 125.
406　Demokrit, in: Die Vorsokratiker, Jaap Mansfeld (Hrsg.), Reclam, Stuttgart 1987, 593f.
407　ebd.

221

408   ebd.

409   Friedrich Nietzsche, Menschliches, Allzumenschliches I, ebd., 269f.

410   Epiktet, Handbüchlein der Moral, in: Wolfgang Weinkauf (Hrsg.), Die Philosophie der Stoa. Ausgewählte Texte, ebd., 221.

411   Arthur Schopenhauer, Die Welt als Wille und Vorstellung II, ebd., 624.

412   Friedrich Nietzsche, Menschliches, Allzumenschliches I, ebd., 269f.

413   Italo Svevo, Zeno Cosini, ebd., 111.

414   Max Frisch, Fragebogen 5, 14., in: Max Frisch, Fragebogen, Suhrkamp, Frankfurt am Main 1992, in: Steffen Dietzsch (Hrsg.), Luzifer lacht. Philosophische Betrachtung von Nietzsche bis Tabori, Reclam, Leipzig 1993, 231f.

415   Epikur, Von der Überwindung der Furcht, eingeleitet und übertragen von Olof Gigon, Patmos / Artemis & Winkler Verlag, Düsseldorf/Zürich 1983, 161.

416   ebd., 139.

417   ebd., 138f.

418   ebd., 159.

419   ebd., 159.

420   ebd., 140.

421   ebd., 143.

422   ebd., 161.

國家圖書館出版品預行編目資料

愛、欲望、出軌的哲學
哈洛德‧柯依瑟爾Harald Koisser、歐依根‧馬力亞‧舒拉克Eugen Maria Schulak 著
張存華 譯.
-- 三版. -- 臺北市：商周出版：家庭傳媒城邦分公司發行，
2023.03 面； 公分. --
譯自：Wenn Eros uns den Kopf verdreht
ISBN 978-626-318-587-6（平裝）
1. CST：外遇 2.CST：兩性關係

544.382   112000885

愛、欲望、出軌的哲學

原 著 書 名 / Wenn Eros uns den Kopf verdreht
作　　　者 / 哈洛德‧柯依瑟爾Harald Koisser、歐依根‧馬力亞‧舒拉克Eugen Maria Schulak
譯　　　者 / 張存華
責 任 編 輯 / 陳玳妮

版　　　權 / 林易萱
行 銷 業 務 / 周丹蘋、賴正祐
總　 編　 輯 / 楊如玉
總　 經　 理 / 彭之琬
事業群總經理 / 黃淑貞
發 　行 　人 / 何飛鵬
法 律 顧 問 / 元禾法律事務所　王子文律師
出　　　版 / 商周出版
　　　　　　城邦文化事業股份有限公司
　　　　　　115台北市南港區昆陽街16號4樓
　　　　　　電話：(02) 2500-7008 傳真：(02) 2500-7759
　　　　　　E-mail：bwp.service@cite.com.tw
　　　　　　Blog：http://bwp25007008.pixnet.net/blog
發　　　行 / 英屬蓋曼群島商家庭傳媒股份有限公司城邦分公司
　　　　　　115台北市南港區昆陽街16號8樓
　　　　　　書虫客服務專線：(02) 2500-7718 · (02) 2500-7719
　　　　　　24小時傳真服務：(02) 2500-1990 · (02) 2500-1991
　　　　　　服務時間：週一至週五09:30-12:00 · 13:30-17:00
　　　　　　郵撥帳號：19863813 戶名：書虫股份有限公司
　　　　　　讀者服務信箱E-mail：service@readingclub.com.tw
　　　　　　歡迎光臨城邦讀書花園 網址：www.cite.com.tw
香港發行所 / 城邦（香港）出版集團有限公司
　　　　　　香港九龍土瓜灣土瓜灣道86號順聯工業大廈6樓A室
　　　　　　電話：(852) 2508-6231　傳真：(852) 2578-9337
　　　　　　E-mail：hkcite@biznetvigator.com
馬新發行所 / 城邦(馬新)出版集團 Cité (M) Sdn. Bhd.
　　　　　　41, Jalan Radin Anum, Bandar Baru Sri Petaling,
　　　　　　57000 Kuala Lumpur, Malaysia
　　　　　　電話：(603) 9056-3833　傳真：(603) 9057-6622
　　　　　　Email：services@cite.my

封 面 設 計 / 鄭宇斌
排　　　版 / 新鑫電腦排版工作室
印　　　刷 / 韋懋實業有限公司
經 　銷 　商 / 聯合發行股份有限公司
　　　　　　電話：(02) 2917-8022　傳真：(02) 2911-0053
　　　　　　地址：新北市231新店區寶橋路235巷6弄6號2樓

■2023年03月02日三版
■2024年09月05日三版2.3刷
定價 320 元

Printed in Taiwan
城邦讀書花園
www.cite.com.tw

Original Title: Wenn Eros uns den Kopf verdreht by Harald Koisser, Eugen Maria Schulak
Copyright © 2005 by Buchverlage Kremayr & Scheriau / Orac, Wien
Complex Chinese translation Copyright © 2007, 2015, 2023 by Business Weekly Publications, a division of Cité
Publishing Ltd.
cover photo © Shutterstock
All rights reserved.